O DESPERTAR DA LIDERANÇA

FLAVIO VALVASSOURA
O DESPERTAR DA LIDERANÇA

DO DESERTO À PROMESSA

Thomas Nelson
BRASIL

Copyright © 2024 por Flavio Valvassoura. Todos os direitos reservados.

Todos os direitos desta publicação são reservados à Vida Melhor Editora Ltda. Nenhuma parte desta obra pode ser apropriada e estocada em sistema de banco de dados ou processo similar, em qualquer forma ou meio, seja eletrônico, de fotocópia, gravação etc., sem a permissão dos detentores do copyright.

As citações bíblicas são da Nova Versão Internacional (NVI), da Bíblia, Inc., a menos que seja especificada uma outra versão da Bíblia Sagrada.

PRODUÇÃO EDITORIAL	Gisele Romão da Cruz
EDIÇÃO	Renata Vaes e Gisele Romão da Cruz
REVISÃO	Elaine Freddi e Carolyne Larrúbia
PROJETO GRÁFICO E DIAGRAMAÇÃO	Luciana Di Iorio
CAPA	Rafael Brum

Dados Internacionais de Catalogação na Publicação (CIP)
(BENITEZ Catalogação Ass. Editorial, MS, Brasil)

V289d
1.ed.

Valvassoura, Flavio
O despertar da liderança / Flavio Valvassoura. – 1.ed. -- Rio de Janeiro: Thomas Nelson Brasil, 2024.

192 p.; 13,5 x 20,8 cm.

ISBN 978-65-5689-880-3

1. Escrituras cristãs. 2. Espiritualidade – Cristianismo. 3. Liderança – Aspectos religiosos – Cristianismo. 4. Ministério cristão. I. Título.

05-2024/02   CDD 262.1

Índice para catálogo sistemático:
1. Liderança : Aspectos religiosos : Cristianismo   262.1
Bibliotecária : Aline Graziele Benitez – Bibliotecária – CRB-1/3129

Os pontos de vista desta obra são de responsabilidade de seus autores e colaboradores diretos, não refletindo necessariamente a posição da Thomas Nelson Brasil, da HarperCollins Christian Publishing ou de suas equipes editoriais.

Thomas Nelson Brasil é uma marca licenciada à Vida Melhor Editora LTDA. Todos os direitos reservados à Vida Melhor Editora LTDA.

Rua da Quitanda, 86, sala 601A - Centro,
Rio de Janeiro/RJ - CEP 20091-005
Tel.: (21) 3175-1030
www.thomasnelson.com.br

Dedico este livro a todos aqueles que enfrentam os desafios mais áridos com coragem, perseverança e determinação, transformando o deserto em crescimento e a adversidade em oportunidade.

Que estas páginas inspirem e fortaleçam aqueles que caminham pelo deserto, lembrando que cada passo na jornada é um passo mais perto do cumprimento de uma promessa.

Este livro é dedicado aos incansáveis e imparáveis homens e mulheres que escolhem todos os dias viverem guiados pela esperança.

SUMÁRIO

Convite inusitado	9
É hora de sair do conforto	13
O valor do deserto	33
Transformações no deserto	49
Jesus e o deserto	69
Lugar de milagres	87
A importância da dor	103
Deus não desperdiça nada	121
Viver no deserto ou passar por ele?	139
Esperança	155
Maturidade	169
Convite aceito?	187

Existem muitos lugares para os quais a maioria das pessoas gostaria de fazer pelo menos uma viagem durante a vida. Crianças de todas as idades sonham em conhecer a Disney. Casais enamorados querem passar dias românticos em Paris. Aventureiros desejam empenhar dias na escalada do monte Everest. Apaixonados pelo mar querem se refrescar nas águas transparentes das Maldivas.

Outros destinos, por sua vez, não parecem ser tão agradáveis ao ponto de desejarmos visitá-los, pois não nos passam a sensação de bem-estar ao pensarmos a respeito deles. Um desses locais é o deserto: calor escaldante durante o dia e frio demasiado à noite. Você indicaria para alguém que passeasse férias no deserto? Chamaria uma pessoa para passar um período longo da vida nesse lugar inóspito? Se recebesse um convite tão inusitado, você aceitaria?

Talvez não seja fácil encontrar alguém que fique feliz em aceitar um convite como esse. Quando estamos no deserto, porém, temos experiências profundas e transformadoras; e é por esse motivo que Deus convidou grandes líderes a irem para lá.

Ao percorrer as páginas das Escrituras Sagradas, frequentemente nos deparamos com pessoas no deserto. Começou com os patriarcas, quando Abrão foi chamado a sair do conforto de seu lar. Tempos depois, foi no deserto que os hebreus peregrinaram durante longos quarenta anos para alcançarem a Terra Prometida sob a liderança de Moisés. Com o passar dos séculos, tantos outros atravessaram, passaram dias ou até viveram nesse local. O apóstolo Paulo passou três anos no deserto da Arábia, e nem mesmo nosso Senhor e Salvador Jesus deixou de ter um período ali.

Ao longo de toda a história, homens e mulheres percorreram ou moraram nesse lugar que, naturalmente, deveria ser desabitado. Por mais que a palavra "deserto" tenha um sentido negativo, de lugar árido, seco, com temperaturas drásticas, com rara ou quase nenhuma vegetação, ao desvendar a relação da Bíblia com esse local, veremos que é, na verdade, um cenário constante para a

Convite inusitado

manifestação de sinais e maravilhas divinos. Resta-nos perguntar: o que há de tão especial no deserto que mereça nossa atenção? Por que o Senhor convida líderes a despenderem seu tempo ali?

> Ao desvendar a relação da Bíblia com o deserto, veremos que este é um cenário constante para a manifestação de sinais e maravilhas divinos.

Ao observar a jornada de grandes líderes, podemos perceber que algo despertou dentro de cada um daqueles que viveram algum tempo no deserto, fruto da preparação pela qual passaram e os conduziu a alcançar a promessa do Senhor. No decorrer dos capítulos a seguir, vamos, juntos, aprender com a trajetória de líderes bíblicos que, depois de extraírem as lições que somente o deserto pode ensinar e terem saído melhores delas, se tornaram as pessoas admiráveis que conhecemos.

É HORA DE SAIR DO CONFORTO

Deus, por vezes, retira o descanso de nossas almas; não para nos fazer infelizes, mas para que o desassossego nos lance em seu peito.

— JOHN PIPER

Durante a vida adulta, quando começamos a nos desvincular e a deixar de depender financeiramente dos pais, compreendemos que tínhamos acesso a um conforto que não era decorrente apenas do nosso esforço. A família como um todo colaborava (ou deveria colaborar) para que houvesse alimento na mesa, roupas limpas, espaços organizados etc. Provisão, sustento, atividades domésticas, estudo, gerenciamento da rotina, compras, pagamento de contas — somente quando todas as atividades passam a ser nossas é que percebemos quantas são e como são custosas.

É preciso tempo para compreender o momento certo de sair do conforto do lar da família na intenção de constituir um novo espaço, seja por casamento, seja por estudo, seja por necessidade de trabalho, seja apenas pelo desejo de construir um caminho próprio. Para os jovens adultos, o corte de vínculo do endereço residencial parece ser o tempo de conquistar autonomia plena e passar a ter algo para chamar de seu. Não é sempre, porém, que parece haver a oportunidade de escolher a mudança. Para alguns, a sensação é de que foram convocados para viver um novo tempo.

Assim aconteceu com Abrão quando o Senhor lhe disse: "Saia da sua terra, do meio dos seus parentes e da casa do seu pai, e vá para a terra que eu lhe mostrarei" (Gênesis 12:1). Abrão não tinha ingressado em um curso em local distante nem brigado com sua família, tampouco recebido uma nova proposta de emprego. O próprio Deus foi quem o chamou. Esse é o tipo de chamado que nem ele nem nós podemos recusar, ainda que não saibamos o que e como enfrentaremos o que surgir diante de nós.

> Quando é o próprio Deus quem chama, não podemos recusar, ainda que não saibamos o que virá adiante.

É hora de sair do conforto

O homem que se tornaria o patriarca de nações recebeu um chamado para sair de onde estava. O destino? Desconhecido. A promessa?

> Farei de você um grande povo
> e o abençoarei.
> Tornarei famoso o seu nome,
> e você será uma bênção.
> Abençoarei os que o abençoarem
> e amaldiçoarei os que o amaldiçoarem;
> por meio de você, todos os povos da terra serão abençoados.
> (Gênesis 12:2-3)

Este era o cenário da vida do homem que até os nossos dias é considerado o pai da fé: um chamado e uma promessa; e entre um e outro, um deserto. Homens e mulheres são chamados para o deserto por Deus a fim de que o potencial de liderança que existe neles seja despertado.

> **Homens e mulheres são chamados para o deserto por Deus a fim de que o potencial de liderança que existe neles seja despertado.**

Toda jornada que percorremos na vida tem começo, meio e fim. Nós olhamos ao nosso redor, compreendemos o espaço, entendemos onde estamos e determinamos aonde queremos ir. Contudo, muitas vezes, falta sabermos como chegar lá, por qual caminho seguir. Com o passar dos dias — pela ânsia de chegar à conquista, pela vontade de realizar o sonho, pelo desejo de ver o cumprimento da promessa —, traçamos o caminho e confiamos em nós mesmos, mas nos esquecemos de um detalhe crucial: não é assim que funciona!

Abraão cometeu esse erro. Mais do que uma bênção de prosperidade, Deus lhe prometera a paternidade. Quando pensou que a promessa feita pelo Senhor estava tardando em se cumprir porque o casal estava se tornando idoso e parecia ser infértil, Abrão, em vez de confiar e aguardar, preferiu tentar determinar como sua descendência existiria. Entre os erros que o patriarca cometeu e que estão descritos em Gênesis 12–16, ele escolheu aceitar o caminho aconselhado por Sarai, sua esposa: "Já que o Senhor me impediu de ter filhos, deite-se com a minha serva; talvez eu possa formar família por meio dela" (Gênesis 16:2).

> Toda jornada tem começo, meio e fim. Não cabe a nós tentar encontrar atalhos. Foi Deus quem determinou e é ele quem nos conduzirá.

Havia dez anos que Abrão aguardava o cumprimento da promessa. Durante dez anos, Sarai ouviu seu marido dizer-lhe que Deus faria dele pai de uma grande nação enquanto ela estava ciente de que não podia gerar um filho sequer. Dez anos no deserto da esterilidade e da espera. Dez anos em um lugar onde eles não escolheram estar.

O que nossos olhos conseguem enxergar são apenas um reflexo, uma imagem turva em um espelho (cf. 1Coríntios 13:12). Não entendemos o caminho que temos a trilhar, mas precisamos confiar que Jesus é o caminho (João 14:6). Ainda que estejamos diante do pior cenário, nenhuma promessa divina falha e, por sabermos disso, devemos confiar mais na palavra proferida pelo Senhor do que no medo. Acredito que Hagar, a serva egípcia de Sarai, deva ter ficado aterrorizada quando soube que tinha sido incluída em uma situação familiar e convocada a gerar o filho programado e muito desejado pelos seus senhores.

Enquanto Ismael, o filho de Abrão com Hagar, estava sendo gerado, a esposa sentiu-se humilhada e passou a oprimir tanto sua serva que ela fugiu. Hagar somente retornou mediante um encontro com o Senhor que lhe revelou que seu filho seria a origem de uma grande nação, mas ela deveria se sujeitar a Sarai (16:6-15). E o tempo continuou a passar.

Quando Abrão estava para se tornar um homem centenário, Deus lhe apareceu novamente para reafirmar sua promessa e estabelecer com ele uma aliança, que deveria estar marcada no corpo do patriarca e de todo descendente homem. Aos 99 anos, Abrão tornou-se Abraão; e Sarai, Sara. No momento que o Senhor afirmou que o casal idoso teria um filho naturalmente, tanto um como outro riram, uma vez que Sara já estava na menopausa. Abraão, porém, não deixou de cumprir a ordenança e circuncidou a si mesmo, seu filho Ismael e todos os escravos (Gênesis 17–18:15).

Depois de décadas no deserto da infertilidade, Sara concebeu um filho, Isaque. Abraão viu, então, o cumprimento da promessa divina quando estava na velhice. O deserto, porém, nunca deixa de existir. Pouco tempo depois, Hagar e Ismael foram expulsos de casa, pois Sara não queria ver seu pequeno Isaque ser caçoado pelo filho da escrava. Abandonados com alguns pães e um odre de água, Hagar e Ismael vagaram pelo deserto de Berseba até que não tivessem uma gota de água sequer (cap. 21).

O deserto castiga. Temos fome e não há comida. Queremos sombra e somos castigados pelo sol. Ficamos com sede e não existe água. Ali estava uma mãe em desespero tamanho que deixou seu filho embaixo de um arbusto porque pensou: "'Não posso ver o menino morrer'. Sentada a distância, levantou a voz e chorou" (Gênesis 21:16). A Palavra de Deus diz que "Deus ouviu o choro do menino" (v. 17), da mesma forma que ouve a nossa dor. Havia uma promessa para aquele garoto também: "No entanto, também do filho da escrava farei uma nação, pois ele é descendência sua", disse o Senhor a Abraão em Gênesis 21:13.

O deserto castiga, mas Deus ouve a nossa dor.

Deus garantiu uma descendência numerosa a Abraão, e o que o Senhor diz, ele não falha em cumprir. Ismael tornou-se um povo forte e, a partir de Isaque, Deus separou para si o seu povo escolhido. Nesse ínterim, o que temos no caminho? Desertos e mais desertos. Isaque cresceu, perdeu sua mãe, casou-se com Rebeca, teve uma madrasta e outros seis meio-irmãos. Aos 125 anos, Abraão morreu, e Isaque carregou a promessa da bênção, viveu, plantou e colheu no deserto. Enfrentou a fome e, mesmo assim, prosperou. Gerou Esaú e Jacó, que já eram duas nações mesmo dentro do ventre de sua mãe (Gênesis 25:23).

O tempo passou, a mentira e o engano levaram, mais uma vez, um descendente de Abraão para o deserto — Jacó. O filho mais novo de Isaque enganou o pai para receber a bênção de primogênito que Esaú, seu irmão, trocara por um prato de ensopado. Irado com Jacó, Esaú decidiu matá-lo após o tempo de luto pela morte de seu pai, que se aproximava (cap. 27). O traiçoeiro caçula, então, tornou-se um fugitivo e, assim, pensou que estava tudo acabado, quando, na verdade, o Senhor do caminho o atraía para um processo.

A maneira como as Escrituras apresentam os processos de Deus é perfeita. Pensamos que o deserto é o fim quando, na verdade, é somente o começo de tudo, o lugar de despertar. Jacó precisava passar por uma transformação. O enganador foi enganado por Labão, tomou a mulher errada por casamento depois de sete anos de trabalho e teve de se submeter por mais sete anos para conseguir a esposa desejada, que foi infértil por muitos anos. Depois de Labão não cumprir os acordos firmados com ele, passados vinte anos, Jacó teve de fugir com a família que formara e os bens que acumulara (cap. 29–31). Jacó prosperava financeiramente, mas suas relações familiares eram problemáticas.

Não bastasse a fuga de Esaú, seu irmão, Jacó também fugiu de Labão. Até que chegou o tempo de ele ser forjado na dor.

É hora de sair do conforto

Enquanto se preparava para se reencontrar com Esaú, lutou com Deus, saiu com a articulação da coxa deslocada e, de Jacó, tornou-se Israel — assim começou a se formar o povo hebreu como nação (cap. 32).

> Prosperidade financeira sem paz familiar não tem valor, só preço.

O povo hebreu cresceu, se fortaleceu e se estabeleceu. Jacó e seus doze filhos faziam parte de um plano maior, um desígnio de Deus. Nem mesmo a briga por ciúme entre os filhos de Jacó, que culminou na venda e em outras injustiças cometidas contra José, poderia atrapalhar o que o Senhor já havia preparado para aquela família. A fome que acometeu a região e o socorro por parte do Egito não eram capítulos desconhecidos para o grande Deus de Israel. José se tornou o administrador daquele país, reuniu sua família, deu a seu pai e irmãos provisão e condição de vida dignas para se multiplicarem (Gênesis 37–50).

O tempo passou e nos deparamos com um novo protagonista da história: Moisés. Os hebreus tinham sido escravizados por um faraó egípcio anos depois de José morrer e permaneceram assim por mais de quatrocentos anos. Uma vida de sofrimento levou o povo a se lembrar do seu Deus e a clamar.

> Tenho visto claramente a opressão sobre o meu povo no Egito e escutado o seu clamor por causa dos seus feitores, pois me preocupo com o sofrimento deles. Por isso, desci para livrá-los das mãos dos egípcios e tirá-los daqui para uma terra boa e vasta [...] (Êxodo 3:7-8).

Moisés foi o líder que Deus despertou para livrar o povo da escravidão egípcia. Ele seguiu as orientações do Senhor e, como desfecho, atravessou o mar Vermelho com uma multidão de hebreus sob sua liderança rumo ao deserto em busca da Terra Prometida ao patriarca Abraão (Êxodo 3–14). Por serem obstinados, os hebreus questionavam e desobedeciam a Deus com frequência e, quando chegaram perto da terra de que tomariam posse, não acreditaram que poderiam conquistar aquilo que já havia sido divinamente garantido. Como castigo, nenhum adulto participou da apropriação da promessa e, consequentemente, o povo viveu por quarenta anos no deserto (Números 14:27-29).

A nação escolhida, agora livre da escravidão no Egito, viveu uma verdadeira saga rumo à Terra Prometida. Mais uma história de romance de um Deus com seu povo e o deserto.

Sabemos hoje que o percurso do local estimado da travessia do mar até Canaã, a depender da rota considerada, é de cerca de quatrocentos quilômetros. Essa distância pode ser percorrida a pé em apenas onze dias. Vamos pensar que, por sem um grupo grande e formado por pessoas de diversas idades e condições físicas, pudessem optar por tempo maior de descanso entre um dia de caminhada e outro e, dessa forma, levassem sessenta dias, ainda assim são muitas décadas de diferença entre a expectativa e a realidade.

Deus amava, e certamente continua a amar, seu povo e conhece todas as coisas. Vamos, então, compreender com mais detalhes o que levou o Senhor a agir dessa maneira — guiar seus eleitos ao deserto, e o fez diversas vezes.

> O Deus de amor é, sim, capaz de guiar seus eleitos ao deserto.

Nos últimos momentos com o povo, Moisés, considerado um dos maiores líderes hebreus e reconhecido pelos judeus como um dos mais destacados até os dias atuais, enfatizou que era importante para aquele grupo de pessoas jamais se esquecer do despertar que as lições aprendidas no deserto causaram. Em

É hora de sair do conforto

face da tão sonhada conquista de colocar os pés em Canaã, a Terra Prometida, ele deixou claro o motivo de a viagem, que poderia ter sido feita em dias, ter durado quatro décadas.

— Tenham o cuidado de obedecer a cada mandamento que eu hoje ordeno a vocês, para que vivam, multipliquem-se e tomem posse da terra que o Senhor prometeu sob juramento aos seus antepassados.

— Lembrem-se de como o Senhor, o seu Deus, os conduziu por todo o caminho no deserto, durante este quarenta anos, para humilhá-los e pôr vocês à prova, a fim de conhecer as suas intenções, se iriam obedecer aos seus mandamentos ou não. Ele humilhou vocês e os deixou passar fome. Depois, sustentou-os com maná, que nem vocês nem os seus antepassados conheciam, para mostrar-lhes que nem só de pão viverá o homem, mas de toda palavra que procede da boca do Senhor. As roupas de vocês não se gastaram nem os seus pés se incharam durante estes quarenta anos. Saibam, pois, no seu coração que, como um homem disciplina o seu filho, assim o Senhor, o seu Deus, disciplina vocês.

— Obedeçam aos mandamentos do Senhor, o seu Deus, temendo-o e andando nos seus caminhos. Pois o Senhor, o seu Deus, os está levando a uma boa terra, cheia de riachos, de tanques de água e de fontes que jorram nos vales e nas colinas; terra de trigo e cevada, de videiras e figueiras, de romãzeiras, azeite de oliva e mel; terra onde as rochas têm fero. Onde vocês poderão extrair cobre das colinas.

— Depois que tiverem comido até ficarem satisfeitos, louvem ao Senhor, o seu Deus, pela boa terra que deu a vocês. (Deuteronômio 8:1-10)

Alguns capítulos antes, em Deuteronômio 3, Deus tinha visitado Moisés e dito a ele que, apesar de ser o líder escolhido, não entraria na Terra Prometida. Por restar pouco tempo com o povo, Moisés pediu a cada um que refletisse de tal modo que jamais se esquecesse do que viveu em tão maravilhosa libertação da escravidão:

> — Tenham o cuidado de não se esquecer do Senhor, o seu Deus, deixando de obedecer aos seus mandamentos, às suas ordenanças e aos seus estatutos que hoje ordeno a vocês. Não aconteça que, depois de terem comido até ficarem satisfeitos, de terem construído boas casas e nelas morado, de aumentarem os seus rebanhos, a sua prata e o seu ouro e todos os seus bens, o seu coração fique orgulhoso e vocês se esqueçam do Senhor, o seu Deus, que os tirou do Egito, da terra da escravidão. Ele os conduziu pelo imenso e terrível deserto, por aquela terra seca e sem água, de serpentes e escorpiões venenosos. Ele tirou água da rocha para vocês e os sustentou no deserto com maná, que os seus antepassados não conheciam, para humilhá-los e pôr vocês à prova, para lhes fazer o bem no final. Não digam, pois, no coração: "A minha capacidade e a força das minhas mãos ajuntaram para mim toda esta riqueza". Antes, lembrem-se do Senhor, o seu Deus, pois é ele quem dá a vocês a capacidade de produzir riqueza, confirmando a aliança que jurou aos seus antepassados, conforme hoje se vê (Deuteronômio 8:11-18).

Apesar de ser amplamente conhecido, tendo sido reproduzido em diversas produções de cinema e televisão, existe algo a ser destacado em relação ao êxodo do Egito. Nas palavras do próprio Senhor e como também já indiquei anteriormente, os hebreus eram um povo obstinado, ou seja, de dura cerviz, teimoso e difícil de controlar. Quando lemos essa verdade, pensamos que a teimosia era grande demais mesmo, pois eles viram milagre atrás de milagre por tanto tempo que deveriam ser conscientes de que Deus cuidaria de todas as necessidades deles, não é mesmo? Quantos de nós, porém, ao conquistarmos a libertação da escravidão, logo nos esquecemos de tudo que antecedeu a bênção? Esse é o problema! Moisés conhecia aquele povo assim como nós conhecemos a nós mesmos. Alcançar o que desejamos aponta para o comodismo. Conquistar a liberdade da escravidão e ser miraculosamente sustentados no deserto deveria ser uma vitória que impulsionaria os hebreus a tomar posse da Terra Prometida, mas não foi o que aconteceu. Na nossa vida é exatamente igual, no período da vida em que desfrutamos de bonança, o tempo dedicado à oração, leitura das Escrituras e às idas ao templo não parece mais urgente, e é desse modo que, tragicamente, fracassamos no relacionamento com Deus.

> Quando há bonança, nosso relacionamento com o Senhor não parece ser urgente. Relegar o cultivo da oração, a leitura das Escrituras as idas ao templo a segundo plano conduz ao fracasso.

Inspirado pelo Senhor, Moisés alertou os hebreus de que o deserto não era apenas um lugar de sofrimento e dor; antes, ali poderiam ter um tempo de muito aprendizado, um verdadeiro despertar para a nova vida que lhes aguardava. Para nós não é diferente, algo precioso pode nascer nos desertos e, por isso, devemos fazer da lembrança um memorial eterno. O deserto foi a escola na qual o povo hebreu recebeu lições diárias e, assim como com eles, na atualidade, alunos continuam a ser matriculados por Deus, a fim de alcançarem crescimento e maturidade, dentre eles, você e eu!

DEUS SE PAUTA NO AMOR

A primeira lição que aprendemos é *que a pedagogia de Deus é pautada pelo amor*. Podemos ver isso na fala de Moisés, em como ele usou, repetidamente, a expressão "o seu Deus". Ele disse: "Lembrem-se de como o Senhor, o seu Deus, os conduziu por todo o caminho do deserto, durante estes quarenta anos [...]" (Deuteronômio 8:2) e nos deixou uma lição para a vida: porque ele é o nosso Deus, nós nunca estivemos sós, ainda que o deserto tenha durado um longo período. Dia após dia, por ele ser "o seu Deus", individualmente, nós jamais fomos abandonados ou esquecidos. A beleza da afirmação de Moisés se aplica a cada um de nós, independentemente do deserto no qual nos encontremos. Por mais que os dias sejam áridos, de sol escaldante durante o dia e frio congelante à noite, não estamos sozinhos. Deus esteve, está e estará com você e comigo todos os dias, exatamente como esteve com o povo de Israel, e tal verdade não pode ser esquecida.

> Ainda que nosso tempo no deserto dure um longo período, Deus nunca nos deixa sós.

O profeta Samuel manteve essa realidade em mente quando disse: "Até aqui o Senhor nos ajudou" (1Samuel 7:12). Sem a ajuda divina, é impossível superar os momentos difíceis tão comuns à vida neste mundo. Moisés, como entendedor da situação, fez questão de ressaltar o tempo, ou seja, Deus estava no começo, está no durante e permanecerá até o depois, até o fim, porque ele é "o seu Deus" e o meu Deus, nós não estamos sós (Deuteronômio 31:8 e Mateus 28:20).

Ao buscarmos entender com atenção os textos bíblicos de Deuteronômio citados, não passará batido o fato de que Moisés relembrava que todo o tempo de trajetória não era vão. Assim como a afirmação de Davi em Salmos, "Deus é o nosso refúgio e a nossa fortaleza; auxílio sempre presente nas adversidades" (Salmos 46:1), para a qual a Nova Versão Transformadora traz "sempre pronto a nos socorrer". Ele está presente e de prontidão

"VOCÊ É CAPAZ DE PARAR POR UM INSTANTE, OLHAR PARA TRÁS E RECONHECER QUE "ATÉ AQUI O SENHOR O AJUDOU"?"

não apenas uma vez, mas sempre. Jamais podemos nos esquecer disso. Deus está sempre nos desertos da nossa vida. Você não está sozinho, como eu também não estou. Vamos tirar da cabeça a falsa ideia de que ninguém se importa conosco ou de que nós estamos totalmente abandonados, porque não é o que dizem as Sagradas Escrituras. Não vamos acreditar em mentiras. O Senhor nos provê esperança!

Para tudo que Deus faz, existe um propósito. Essa afirmação não é minha; foi o rei Salomão quem disse que "para tudo há uma ocasião certa; há um tempo certo para cada propósito debaixo do céu" (Eclesiastes 3:1), ou seja, o tempo, ainda que pareça ou seja longo, foi estipulado pelo Senhor por um motivo e para um propósito. Moisés revelou essa verdade quando afirmou: "os conduziu por todo o caminho no deserto, durante estes quarenta anos, para humilhá-los e pôr vocês à prova, a fim de conhecer suas intenções, se iriam obedecer aos seus mandamentos ou não" (Deuteronômio 8:2).

DEUS TRATA O NOSSO CARÁTER

A segunda lição da qual podemos tirar proveito é saber que *um dos benefícios do deserto é o tratamento do caráter*. Não existe nada melhor para quebrar o orgulho, a arrogância, a altivez e a prepotência de alguém do que uma temporada no deserto. O deserto é devastador, um lugar que não permite que um ser humano sequer permaneça em pé. Deus usa a pedagogia do deserto para ensinar que sem ele nada pode ser feito. O deserto revela a maior das verdades: somos frágeis, vasos de barro nas mãos do Oleiro. Quando o vaso se estraga, o Oleiro o toma nas mãos e o refaz (Jeremias 18:4-6). O Senhor, nosso Oleiro, está sempre pronto para tomar nossa massa disforme e quebrada e produzir dela um lindo vaso a ser apreciado.

É hora de sair do conforto

> Somos frágeis, mas estamos nas mãos do Oleiro que é capaz de produzir um lindo vaso em nossa vida.

Só é aprovado o que é provado. Ainda que não gostemos de ser provados, é assim que funciona com o nosso caráter, pois precisamos passar pela prova para ser aperfeiçoados. Diz o ditado popular que mar calmo não faz bom marinheiro. Não ter nenhuma dificuldade com a qual lidar não nos permite saber nossa reação diante dos conflitos, sejam eles internos sejam externos. Por esse motivo, o mesmo barro que está quebrado, quando é tomado pelas mãos do Oleiro, é refeito e, logo em seguida, passa pelo fogo a fim de se solidificar.

Assim, o caráter, o qual defino como a soma dos valores que regem a vida, precisa passar pelo fogo que ou o extinguirá ou o firmará. Notemos que o texto bíblico não esconde as reais intenções de Deus: "pondo à prova seu caráter, para ver se vocês obedeceriam ou não a seus mandamentos" (Deuteronômio 8:2, NVT). Somente quando somos colocados diante de uma situação que nos exige escolha é que podemos saber se somos capazes de obedecer às instruções divinas. E, de todo o povo hebreu, quem obedeceu?

Uma geração inteira morreu durante os quarenta anos de peregrinação pelo deserto. Somente dois homens, entre as milhares de pessoas que foram resgatadas da escravidão no Egito, entraram na Terra Prometida (Números 14:30). Josué e Calebe entraram porque obedeceram aos mandamentos e creram na promessa de que poderiam conquistar a terra de Canaã, o que deixa claro que o deserto não deve ser evitado, pelo contrário, ao cruzá-lo, notaremos que sairemos dele melhores do que entramos!

Outro exemplo que a Bíblia nos traz sobre o deserto, desta vez no sentido figurado, é o da vida de Jó. Conhecida por muitos, a história relata como um homem íntegro, "e justo, que teme a Deus e evita fazer o mal" (Jó 2:3), segundo as palavras do próprio

> **DEUS PERMANECE DIGNO DO SEU LOUVOR MESMO EM MEIO À DOR E AO CALOR DO DESERTO?**

Deus, passou por momentos de deserto. No quesito caráter, esse homem, logo no início, deixa claro como Deus não estava equivocado em tê-lo em alta estima. A Palavra relata que, logo que recebeu a notícia de que todos os seus filhos e filhas haviam morrido; suas ovelhas tinham sido queimadas com fogo do céu; os bois, os jumentos e os camelos haviam sido roubados; ainda assim, prostrou-se com o rosto no chão em adoração e afirmou: "Nu saí do ventre de minha mãe e nu partirei. O Senhor o deu, o Senhor o levou; louvado seja o nome do Senhor" (Jó 1:20-21).

Adorar a Deus com ventos favoráveis e em tempos de bonança é fácil, mas nos períodos de deserto, pergunto:

Você já reparou como fica uma criança quando tiram o brinquedo dela? Ela está calma e tranquila até que... E o que acontece quando as coisas fogem do *nosso* controle? Como *nós* temos reagido? Temos de nos lembrar que Deus prova o coração tanto quando ele dá e como quando ele tira. Ao tirar algo de nós, ele quer ver em quem verdadeiramente confiamos, e quando nos dá, deseja ver se, na fartura, continuaremos cientes de que quem garante a provisão é ele.

Fiéis até o fim! É assim que o Senhor espera que sejamos. Da mesma maneira que aconteceu com Jó, de modo equivalente ao descrito nas cartas às Igrejas, em Apocalipse, e conforme foi na vida de tantos mártires que a história da Igreja computou, Deus está à procura daqueles que lhe são fiéis. Outra ação que o Pai toma é tratar o orgulho do seu povo para torná-lo em um real conhecedor das verdades eternas, "pois sem mim vocês não podem fazer nada" (João 15:5).

DEUS É MISERICORDIOSO

A terceira lição que podemos tirar do deserto é que *Deus é um Pai misericordioso*. Jesus deixou isso claro quando disse:

O DESPERTAR DA liderança

Qual homem, do meio de vocês, se o filho pedir pão, lhe dará uma pedra? Ou, se pedir peixe, lhe dará uma cobra? Portanto, se vocês, apesar de serem maus, sabem dar boas coisas aos seus filhos, quanto mais o seu Pai, que está nos céus, dará coisas boas aos que lhe pedirem! (Mateus 7:9-11).

O intuito do Senhor ao levar seus amados ao deserto não é fazê-los sofrer. Ele é o Pai, um bom pai, o pai mais amoroso e misericordioso que jamais possa existir! Com clareza, Moisés relembra o povo acerca de como não lhes faltou o pão da provisão durante o tempo no deserto (Deuteronômio 8:3-4). Um pai pode disciplinar seu filho, deixá-lo de castigo sem acesso ao que ele mais preza, como celular ou televisão, mas jamais deixará de alimentá-lo. Moisés fez questão de salientar essa verdade ao dizer: "Saibam, pois, no seu coração que, como um homem disciplina o seu filho, assim o Senhor, o seu Deus, disciplina vocês" (Deuteronômio 8:5).

> Quando Deus leva seus amados ao deserto, tem a intenção de prover-lhes ensinamento.

Durante o tempo em que os hebreus viveram no deserto sob a liderança de Moisés, houve provisão sobrenatural. O pão caía do céu literalmente! Aves surgiam mortas para completar a alimentação. De rochas, brotava água. Milagre de provisão atrás de milagre de provisão.

Deus quebrou o orgulho do povo, sim, mas "em seguida", ou seja, sem demora, sustentou seu povo com comida boa, a qual nem mesmo os antepassados haviam provado — maná o pão do céu, "para mostrar-lhes que nem só de pão viverá o homem, mas de toda palavra que procede da boca do Senhor" (Deuteronômio 8:3). Essa fala, inclusive, foi usada por Jesus no deserto em um diálogo com o próprio Satanás:

> "VOCÊ CONSEGUE VER O AGIR DE DEUS NO DESERTO? AO SONDAR O SEU CORAÇÃO, VOCÊ CONSEGUE COMPREENDER O QUANTO O SENHOR AMA VOCÊ?"

Jesus, cheio do Espírito Santo, voltou do Jordão e foi levado pelo Espírito ao deserto, onde foi tentado pelo Diabo durante quarenta dias. Não comeu nada durante esses dias e, ao fim deles, teve fome.

O Diabo lhe disse:

— Se és o Filho de Deus, ordena a esta pedra que se transforme em pão.

Jesus respondeu:

— Está escrito: "Nem só de pão viverá o homem" (Lucas 4:1-2).

Jesus foi tentado em alguns pontos específicos, pertinentes aos desertos da vida, os quais trataremos nos capítulos seguintes. Contudo, o que fica claro é que, mesmo representando momentos de dor, o deserto não é estéril. É possível extrair alegria da dor. No deserto, há provisão, amor e vida.

O VALOR DO DESERTO

É justo que me custe o que muito vale.
— TERESA D´ÁVILA

Existe um ditado popular muito conhecido que diz que "tudo o que vem fácil, vai fácil". Damos mais valor àquilo que precisamos conquistar mediante maior esforço. Inevitavelmente, a vida se responsabiliza por comprovar que, sim, o que tem valor custa muito! Certa propaganda de cartão de crédito ficou famosa ao falar que algumas coisas, especificamente as que nos são mais precisas, não têm preço, têm valor. E assim realmente é. Existe um sabor especial de conquista, de que valeu a pena; temos satisfação pessoal quando algo vem porque nos esforçamos para que viesse.

O deserto tem valor.

Pode parecer paradoxal, mas falar de deserto também é falar de valor. A Bíblia nos conta histórias que jamais serão esquecidas. O próprio Jesus falou a respeito de uma delas: "Em verdade lhes digo que, onde quer que este evangelho for anunciado em todo o mundo, também o que ela fez será contado em sua memória" (Mateus 26:13). A respeito de quem ele estava falando? Quem era e o que fez essa mulher de tão importante?

> aproximou-se dele uma mulher com um frasco de alabastro que continha um perfume muito caro. Ela o derramou sobre a cabeça de Jesus quando ele se encontrava reclinado à mesa. Ao verem isso, os discípulos se indignaram e perguntaram:
> — Por que este desperdício? Este perfume poderia ser vendido por alto preço, e o dinheiro ser dado aos pobres (Mateus 26:7,9).

O perfume usado por aquela mulher para ungir Jesus era caro; seu valor equivalia ao salário de um ano inteiro de trabalho. A tal personagem central da história do vaso de alabastro era considerada pecadora, mas se recusou a oferecer o que não lhe custasse.

O valor do deserto

O rei israelita mais renomado de todos, Davi, já tinha exemplificado que esse era o caminho certo:

> Davi lhe pediu:
> — Ceda-me o terreno da sua eira para eu edificar um altar em honra ao Senhor, a fim de que cesse a praga sobre o povo. Venda-me o terreno pelo preço justo.
> Araúna, porém, disse a Davi:
> — Que o meu senhor e rei fique com ele e faça o que parecer bom aos seus olhos. Eu darei os bois apara os holocaustos, o debulhador para servir de lenha e o trigo para a oferta de cereal. Tudo isso dou a ti.
> O rei Davi, porém, respondeu a Araúna:
> — Não! Faço questão de pagar o preço justo. Não darei ao Senhor aquilo que pertence a você nem oferecerei um holocausto que não me custe nada. (1Crônicas 21:24).

No caso da mulher que entrou para a história, apesar de expresso na moeda que os discípulos, principalmente, Judas, contabilizou, preço e valor não são sinônimos. Enquanto o preço nos leva para um lugar de troca, o valor nos leva ao custo. Quer fazer o teste? Retome agora para sua jornada de vida e responda:

Algo muito valorizado e aceito na sociedade contemporânea é a sabedoria das pessoas mais velhas. Nos países orientais — muito mais que no Brasil — é unânime o entendimento de que os mais idosos e experimentados sabem mais. O conhecimento adquirido na escola da vida tem muito valor e, por isso, é tão importante que seja repassado aos mais novos. Bons pais ensinam os seus filhos, afinal, eles já passaram por situações suficientes para saber o que é bom e o que é mau, quais são os melhores caminhos a serem seguidos e as consequências das más escolhas. Não é possível mensurar tal sabedoria de vida, nela há

"QUANTO CUSTOU PARA CHEGAR ONDE VOCÊ CHEGOU? CUSTOU ERROS, ACERTOS, CONSEQUÊNCIAS, LÁGRIMAS E O QUE MAIS? VOCÊ CONSEGUE PRECIFICAR ESSE CUSTO?"

muito valor. Transmitir esse conhecimento aos mais novos não tem preço, é algo feito por amor!

> Quando aprendemos com os mais velhos, não passamos pelos desertos que eles enfrentaram.

A Palavra diz que "quem retém a vara odeia o seu filho; quem o ama buscará discipliná-lo" (Provérbios 13:24), "pois o Senhor disciplina a quem ama, assim como o pai faz ao filho a quem deseja o bem" (Provérbios 3:12). Moisés, por exemplo, temeu pelo povo que estava prestes a, enfim, adentrar a um tempo de paz e bonança, pois era essencial que eles entendessem que todo o tempo no deserto não tinha sido vão. O Senhor os provou por amor!

> Suportem as dificuldades, recebendo-as como disciplina; Deus os trata como filhos. Pois, qual o filho que não é disciplinado por seu pai? Se vocês não são disciplinados, e a disciplina é para todos os filhos, então vocês não são filhos legítimos, mas sim ilegítimos. Além disso, tínhamos pais humanos que nos disciplinavam, e nós os respeitávamos. Quanto mais devemos submeter-nos ao Pai dos espíritos, para assim vivermos! Nossos pais nos disciplinavam por curto período, segundo lhes parecia melhor; mas Deus nos disciplina para o nosso bem, para que participemos da sua santidade. Nenhuma disciplina parece ser motivo de alegria no momento, mas sim de tristeza. Mais tarde, porém, produz fruto de justiça e paz para aqueles que por ela foram exercitados. Portanto, fortaleçam as mãos enfraquecidas e os joelhos vacilantes. (Hebreus 12:7-12)

O autor de Hebreus, assim como Moisés, traz à tona o caráter de Deus, muitas vezes questionado, principalmente, por quem não quer crer que ele existe e que é bom. Essas pessoas alegam que o Senhor é ineficiente em face das adversidades e dos sofrimentos que enfrentamos tanto como comunidade quanto individualmente. O que não entendem é que Deus em momento nenhum escondeu que o mundo em que estamos é mau. A verdade é que ninguém quer sofrer. Como fomos criados para a eternidade, que é um tempo e lugar em que não há dor nem sofrimento, sentimos desejo de viver dessa maneira. Todavia, tanto no Antigo quanto no Novo Testamentos, situações negativas sempre estiveram presentes na vida do povo de Deus.

> A liderança que existe em nós desperta enquanto somos lapidados no deserto.

O livro de Hebreus também nos alerta: "Meu filho, não despreze a disciplina do Senhor nem se magoe com a sua repreensão, pois o Senhor disciplina a quem ama e castiga todo aquele a quem aceita como filho" (Hebreus 12:5-6). Precisamos estar firmados no amor que sabemos que Deus tem por nós. Lembremos dos parâmetros que aprendemos no capítulo anterior em relação ao deserto: Deus se pauta no amor; Deus trata o nosso caráter; e Deus é misericordioso. A liderança que existe em nós desperta enquanto somos lapidados no deserto.

O Pai sabia o que estava fazendo no passado e também o sabe hoje. Embora o deserto possa se apresentar em uma embalagem hostil, é um presente para os que ele ama: "O Senhor prova o justo, mas odeia o ímpio e aquele que ama a violência" (Salmos 11:5). Se, por um lado, a vida do povo de Deus se depara constantemente com os desafios do deserto; por outro lado, é no deserto que temos a oportunidade de aprender a maior lição de nossa vida: a confiança no Criador.

O valor do deserto

Deus sustentou os hebreus e lhes ensinou que eles não precisavam de mais nada além dele mesmo. Ter Deus é ter tudo. O povo já não era mais escravo e tinha permissão, inclusive, para descansar. Talvez, seja esta a maior beleza e também a tarefa mais árdua a ser aprendida no deserto: confiar que o Senhor sabe de todas as coisas e que, em nada, é pego desprevenido. Ele vê quando pensamos que chegamos ao nosso limite e, então, provê uma dose adicional de ânimo para caminharmos uma milha a mais.

> Ter Deus é ter tudo.

É o Pai quem nos dá a capacidade e a força para que consigamos produzir o necessário (Deuteronômio 8:17-18). Ainda que não haja semente para plantar ou fruto para colher, dele provém todo o sustento necessário para a jornada, pois o Senhor é nossa alegria e salvação (Habacuque 3:17-18).

Nas Escrituras, encontramos, também, o que chamamos de galeria dos heróis da fé. O capítulo 11 de Hebreus lista o nome daqueles que, tendo sido provados, foram aprovados. A lista de nomes apresentada inclui: Abel, Enoque, Noé, Abraão, Sara, Isaque, Jacó, José, Moisés, Raabe e muitos outros. Sobre eles, o autor conclui: "O mundo não era digno deles. Vagaram pelos desertos e montes, pelas cavernas e grutas da terra" (Hebreus 11:38).

Mais uma vez, o deserto é apresentado como um cenário que não foge aos olhos do Senhor. Todos esses homens e mulheres fiéis, conforme a Palavra diz, vagaram no deserto, seja ele literal, seja circunstancial, e, ao serem provados, receberam bom testemunho (Hebreus 11:2). Ainda que nem sempre eles tenham visto a promessa completamente cumprida, esperavam de Deus algo melhor.

> "EM NOME DA FÉ, PELO QUE VOCÊ ESTARIA DISPOSTO A SOFRER?"

outros enfrentaram zombaria e açoites; outros, ainda, foram acorrentados e colocados na prisão, apedrejados, serrados ao meio, postos à prova, mortos ao fio da espada. Andaram errantes, vestidos de pele de ovelhas e de cabras, necessitados, afligidos e maltratados. (Hebreus 11:36-37).

Se você acompanha minhas ministrações, sabe que não tenho a intenção de aterrorizá-lo. Meu desejo é sempre prover fé e esperança. Sendo assim, fica claro que a vida com Deus não é uma vida infeliz. Contudo, eu seria incorreto se mostrasse um triunfalismo inexistente e dissesse que cristãos estão imunes ao sofrimento. Justamente por ser preciosa, a vida cristã tem um custo. Entretanto, assim como aconteceu com os heróis da fé apresentados em Hebreus 11, que não sucumbiram durante o processo, nós também não vamos.

> Como cristãos, não estamos imunes ao sofrimento. Temos, porém, a certeza de que o Senhor nos provê suporte e escape.

Quando retomamos a história da peregrinação dos hebreus pelo deserto durante quarenta anos, a Bíblia é clara ao dizer que nem suas roupas se gastaram, tampouco os seus pés incharam (Deuteronômio 8:4). Essas informações são prova, para mim e para você, de que ele nos vê e não visa como fim o nosso sofrimento, mas o tempo todo providencia para cada um nós o suporte e o escape de que precisamos no momento oportuno (1Coríntios 10:13). O apóstolo Paulo testemunha a esse respeito ao escrever, em 2Coríntios 11:16-33, sobre as dificuldades e as batalhas que enfrentou: cárcere, tentativas de homicídio, açoites, golpes de varas, apedrejamento, naufrágio, ameaças de perigos diversos, excesso de trabalho, pouco descanso, fome, sede, doença, frio e, finalmente, nudez.

A força humana que habita em nós, por si só, não é capaz de nos sustentar. Como é preciso sabermos que Jesus, conhecedor de nossas debilidades, rogou ao Pai que nos enviasse o Conselheiro, o Espírito da verdade, para nos guiar em todas as situações que surgirem em nossa vida (João 14:16-17). Ainda que o deserto se apresente diante de nós como uma rota sem alternativas, não ficamos vagando sem rumo, sempre há um aprendizado e uma direção a seguir, pois o Deus que nos conduz para o deserto também está no deserto ao nosso lado. Em meio à sequidão, privação e portas fechadas, podemos ter a certeza de que:

> O Espírito nos ajuda em nossa fraqueza, pois não sabemos como orar, mas o próprio Espírito intercede por nós com gemidos inexprimíveis. E aquele que sonda os corações conhece a intenção do Espírito, porque o Espírito intercede pelos santos de acordo com a vontade de Deus. (Romanos 8:26-27).

O deserto é a oportunidade de sermos aperfeiçoados. Não somos nem seremos perfeitos nesta vida, mas é certo que podemos ser melhores. É por isso que há valor no deserto. Quando estamos no lugar inóspito, vemos como o Senhor nunca se ausenta. Mesmo quando somos surpreendidos pela tragédia ou envolvidos pela dor, o Pai está lá.

Assim como foi com Josué e Calebe — os únicos que resistiram e entraram na Terra Prometida —, precisamos confiar que o Deus que fez maravilhas antes da peregrinação não se ausenta enquanto passamos pelo deserto. Ele continua agindo: "todas as coisas contribuem juntamente para o bem de todos aqueles que amam a Deus, dos que foram chamados de acordo com o seu propósito" (Romanos 8:28).

> QUE TAL APROVEITAR A OPORTUNIDADE E DAR A DEUS O LOUVOR ENTOADO EM MEIO AO DESERTO?

> Passar pelo deserto é ter a oportunidade de sermos aperfeiçoados.

Em muitas ocasiões em minha vida, também pensei que não fosse conseguir terminar a travessia do deserto. Lembro-me claramente de quando perdi meu irmão e sofri com uma dor que dilacerou meu coração. Durante meu processo de luto, entendi que aquela era a única oportunidade que eu teria de oferecer a Deus um louvor semelhante ao de Jó. Sei que meu irmão não me ouviu, mas, enquanto ele era velado na igreja, em uma cerimônia muito bonita com nossos amigos, familiares e irmãos da fé, eu me aproximei de seu corpo e disse: "O Senhor o deu, o Senhor o levou; louvado seja o nome do Senhor" (Jó 1:21). Não se esqueça: o deserto terá o valor que dermos a ele. Por isso, faço a você um convite.

Deus não deixa de ser digno de adoração quando não estamos bem nem deixa de ser merecedor de louvor quando algo acontece da maneira oposta àquela que prevíamos. Se nos tornarmos reféns de nossos sentimentos para adorá-lo, passamos a entronizar o nosso eu. Não podemos perder a oportunidade de, como está descrito em Apocalipse, encher as taças de incenso, que são as orações dos santos (5:8), ou seja, devemos orar em todo tempo.

Vamos adorá-lo, confiantes de que, em sua soberania, ele nos ouve e acolhe. Deus não mudou, a Palavra diz que ele é o mesmo ontem, hoje e será para todo sempre (Hebreus 13:8), e também nos promete que, "se perseveramos, com ele também reinaremos" (2Timóteo 2:12). Seja nesta vida ou no porvir, colheremos os frutos do que semeamos no deserto. Sim, é possível semear e colher no deserto.

> O deserto tem o valor que damos a ele.

O valor do deserto

Há beleza no deserto. Encorajo você a observar e reconhecer essa beleza. O Evangelho de Cristo inclui uma cruz, e é justamente ela, por mais que remeta à dor, que nos torna dignos de sermos chamados cristãos. Infelizmente, grande parte da geração viva na atualidade rejeita o deserto. São pessoas que fogem da dor sem saber que ela os encontrará na próxima esquina. É impossível vivermos sem passar pelo menos uma vez por algum deserto.

Os dias são maus, o mundo é mau. A diferença é apenas se decidimos passar pelos desertos com Deus ou sozinhos. Precisamos nos amoldar mais à Palavra que a este mundo doente. Quando nos dedicamos ao estudo da Bíblia, renovamos nossa mente e entendemos que seria demasiadamente estranho se Deus não nos guiasse ao deserto e durante nosso tempo ali.

> Amados, não se surpreendam com o fogo que surge entre vocês para os provar, como se algo estranho lhes estivesse acontecendo. Mas alegrem-se à medida que participam dos sofrimentos de Cristo, para que também, quando a sua glória for revelada, vocês exultem com grande alegria. (1Pedro 4:12-13).

O deserto é parte da vida cristã. Desde Gênesis até Apocalipse, ele está presente e é um retrato da peregrinação do povo de Deus nesta terra. Nós, assim como os hebreus, seguimos buscando a Terra Prometida, caminhando pelo deserto e provando das manifestações do Senhor de Israel. A pergunta que fica é: somos parte daqueles que sucumbiram ao deserto e jamais pisaram em Canaã ou formamos um corpo com os que creem e não retrocedem?

Como está escrito:

> Por amor de ti enfrentamos a morte o dia inteiro; somos considerados como ovelhas destinadas ao matadouro. Mas em todas essas coisas somos mais que vencedores por meio

> **VOCÊ ESTÁ DISPOSTO A PERMANECER NESSE LUGAR DE CONFIANÇA, CUSTE O QUE CUSTAR?**

daquele que nos amou. Pois estou convencido de que nem a morte, nem a vida, nem os anjos, nem os demônios, nem o presente, nem o futuro, nem poderes, nem altura, nem profundidade, nem ninguém em toda a criação será capaz de nos separar do amor de Deus que está em Cristo Jesus, o nosso Senhor. (Romanos 8:36-39).

A certeza de que nenhum deserto poderá nos separar do amor de Deus é a nossa verdadeira riqueza!

TRANSFORMAÇÕES NO DESERTO

Transforma o deserto em açudes; e a terra ressecada, em mananciais.

— SALMOS 107:35

O cuidado de Deus com o seu povo é evidente. São muitos os relatos do amor e da manifestação do Senhor em favor dos seus escolhidos. Diversas narrativas desse derramar divino estão presentes na Bíblia, e há uma infinidade de outras que ou não foram registradas ou aconteceram em período/lugar não contemplados pelas Escrituras. Praticamente todas as pessoas que conheço, por exemplo, podem apresentar pelo menos uma situação para a qual não haveria saída sem a intervenção do Pai celeste.

No relato bíblico, vemos como Deus livrou seu povo de inimigos mais fortes e também mais numerosos. Observamos as situações em que ele apareceu de maneira estrondosa, mas também as sutis. Percebemos que ele falou aos seus servos tanto em sonhos como pessoalmente. Algumas dessas aparições aconteceram no deserto, de modo que tornaram o local memorável.

Se pensarmos apenas sobre as regiões desérticas em si, podemos questionar o que há de especial nesses locais. E a resposta à qual chegaremos será "Nada, o deserto é o que é". Compreenderemos, então, que o que realmente faz a diferença não é o lugar, mas a presença divina. O deserto se torna memorável nas Escrituras Sagradas porque não há uma pessoa sequer que, ao ser visitada por Deus, permaneça como era anteriormente. Quando o Senhor vem ao nosso encontro, transforma nosso interior de tal maneira que transbordamos para o nosso redor, e até o deserto ganha um significado que vai além da aridez.

> Não é o deserto que faz a diferença, é a presença divina.

Enquanto viveram no deserto por quarenta anos sob a liderança de Moisés, os hebreus receberam provisão divina, o maná, o pão do céu enviado diariamente (exceto aos sábados, pois a porção da sexta-feira era dobrada para que houvesse descanso no dia sagrado).

Transformações no deserto

Há, porém, muitos outros líderes israelitas que receberam a provisão ali, dentre eles, podemos destacar o profeta Elias, que atuou durante o reinado do rei Acabe.

Esse grande profeta de Deus viveu em um período dominado pela idolatria e pelo paganismo. Ele foi a voz divina que lembrava a quem o povo pertencia. Mediante suas palavras proféticas, houve seca, chuva e fogo do céu. Ele se tornou amplamente reconhecido por ter enfrentado, derrotado e matado quatrocentos profetas de falsos deuses. Elias também foi alimentado miraculosamente por corvos e operou muitos milagres. Entretanto, após tantas vitórias, o profeta temeu, se cansou e esmoreceu. Chegou, então, o tempo do deserto (1Reis 17–19).

A Palavra nos diz que logo depois de seu grande triunfo sobre os profetas dos falsos deuses, Elias recebeu uma represália em forma de ameaça de morte. Ainda que Deus o tivesse feito vitorioso por meio de milagres, "Elias teve medo e fugiu para salvar a própria vida. Quando chegou a Berseba de Judá, deixou o seu servo e entrou no deserto, caminhando um dia" (1Reis 19:3-4). Muitos de nós às vezes julgamos o grande profeta: "Como pode? Ele viu Deus mandar fogo do céu e, mesmo assim, desanimou a ponto de abandonar tudo e se isolar no deserto?" Também podemos questionar se ele caiu em depressão, uma vez que a Bíblia não tem essa palavra escrita, mas a maneira de ele agir deixa claro que a probabilidade é alta.

Entrar no deserto vai além de ir para determinado local e inclui mais do que ir à falência ou perder bens; é mais, inclusive, do que receber um diagnóstico de câncer ou de perder alguém querido. Deserto é tudo que nos assola e tira o chão de debaixo dos nossos pés. Deserto é olhar ao nosso redor e não enxergar um caminho; é não conseguir compreender como chegamos até aquele ponto nem como encontrar uma saída. Deserto é estarmos sedentos e não encontrarmos uma fonte de água... tudo o que

> **NA BUSCA POR ALÍVIO, VOCÊ DESEJA PROSSEGUIR OU DESISTIR?**

desejamos é encontrar um abrigo, preferencialmente um que seja equivalente a um tempo de paz.

Elias buscava um tempo de paz, queria um lugar seguro e, de preferência, sossegado. Cansado de tudo, "chegou aonde havia uma giesta, sentou-se debaixo dela e orou, pedindo a morte: 'Já tive o bastante, Senhor. Tira a minha vida; não sou melhor do que os meus antepassados'" (1Reis 19:4).

Um tempo para ficar em paz. Muitas vezes, em meio a tudo que passamos, nosso único desejo é poder parar. Esse é o motivo de diversas pessoas dizerem que os desertos da alma são ainda mais duros que os físicos. Em alguns momentos, chegamos a um ponto de exaustão tamanho que nosso corpo já não acompanha o que outrora fazíamos com facilidade, não porque perdeu a aptidão, mas porque não quer!

O mundo passa por uma espécie de surto de falta de saúde mental. O número de pessoas diagnosticadas com depressão e com transtornos de ansiedade aumenta em grande escala. O mercado de trabalho também tem levado cada vez mais pessoas a vivenciarem o *burnout*. Até mesmo esportistas de alto rendimento têm abandonado algumas competições de grande visibilidade de maneira estratégica em prol do cuidado emocional, como foi o caso emblemático da ginasta americana Simone Biles na final das Olimpíadas de 2021. O deserto de muitos está na própria mente.

A percepção dessa realidade nos leva a questionar se os homens e as mulheres tementes a Deus estariam livres desses tipos de males. A verdade, porém, é que o desencorajamento pode alcançar qualquer um de nós. Não foi à toa a seguinte fala de Jesus: "Eu disse isso para que em mim vocês tenham paz. Neste mundo, vocês terão aflições; contudo, tenham coragem! Eu venci o mundo" (João 16:33). Jesus é um encorajador! Ele não nos critica pelo fato de nos sentirmos desmotivados, mas aponta o motivo que é suficiente para mudar toda e qualquer situação: "Olhe para mim!"

> Jesus não nos critica por nos sentirmos desmotivados. Ele é um encorajador!

Com Elias, Deus também se mostrou presente. Mesmo no deserto, enquanto clamava pela morte, o Senhor lhe enviou um anjo que disse:

> — Levante-se e coma.
>
> Elias olhou ao redor e ali, junto à sua cabeceira, havia um pão assado sobre brasas quentes e um jarro de água. Ele comeu, bebeu e deitou-se de novo.
>
> O anjo do Senhor voltou, tocou nele e disse:
>
> — Levante-se e coma, pois a sua viagem será muito longa.
>
> Então, ele se levantou, comeu e bebeu. Fortalecido com aquela comida, viajou quarenta dias e quarenta noites [...].
> (1Reis 19:5-8).

COMPANHIA NA SOLIDÃO

O Senhor jamais nos abandona no deserto. Não temos o poder de evitar o deserto, mas temos a certeza de que Deus está conosco o tempo todo, inclusive nos momentos mais difíceis que enfrentamos. A vida de Elias mostra como o Criador vai em busca de nós, nos encontra e nos sustenta. Ele quer que recobremos nossas forças, a fim de cumprirmos o propósito para o qual ele nos chamou.

Quando Deus tem algo reservado para nós, certamente ele fará que aconteça, assim como aconteceu com Abraão, que deixou sua terra e parentela para seguir rumo a uma terra que nem ao menos sabia onde era (Hebreus 11:8). O patriarca creu que aquele que lhe deu a visão também lhe daria a provisão. Sua obediência e confiança fez que ele fosse chamado "amigo de Deus", e este, certamente, é o maior presente que o deserto pode nos trazer: um relacionamento de intimidade com o nosso Senhor.

Para ter um relacionamento, precisamos ter confiança. Não é possível dormir ao lado de alguém "com um olho aberto e outro fechado", como se diz na linguagem popular. Ou confiamos ou não há relacionamento. Enquanto Elias confiou em Deus, caminhou nos propósitos divinos e cooperou para que sua justiça fosse feita no meio do povo de Israel, mas, quando foi dominado pelo medo, o profeta se viu depressivo e caminhou rumo a uma caverna.

> Quem nos dá a visão também nos entrega a provisão.

Se, por acaso, nossos planos incluírem fugir para uma caverna, temos de parar agora e nos agarrar à certeza de que, não importa onde estivermos, o Senhor envia o seu anjo para nos sustentar.

O deserto que estamos enfrentando não é nosso destino, é apenas uma passagem. Não é nossa morada, é nossa estadia temporária. Estar no deserto não pode nos conduzir ao medo. Não podemos nos esconder nem pedir pela morte. Apesar de, sim, ficarmos assustados com todas as intempéries a que o lugar nos sujeita, precisamos ter sempre em mente que o deserto revela a misericórdia do Pai celestial que, hoje mesmo, nos diz: "Saia e fique no monte, na presença do Senhor, pois o Senhor vai passar" (1Reis 19:11). E, quando Deus passa, somos despertados e transformados, nossas forças são restauradas, há um novo destino e um legado com unção dobrada.

UMA NOVA VIDA

Não muito diferente do que aconteceu com Elias, o profeta exausto por ser procurado somente em situações de crise, muitas

> **COMO VOCÊ TEM PERCEBIDO A COMPANHIA DIVINA NOS SEUS MOMENTOS DE DESERTO?**

das pessoas com as quais converso carregam consigo algum trauma. Em alguns casos, trata-se de uma situação mal resolvida na família; em outros, um casamento que acabou ou está em crise; há, ainda, rejeições, sejam dos filhos, sejam dos amigos; e até abandono dos pais. São muitas e diversificadas as mazelas que enfrentamos e nos incutem marcas desde a infância até a fase adulta.

O desejo mais comum das pessoas que sofrem é o de alcançar uma nova vida, na qual o solitário habita em família, o falido prospera, a prostituta se casa, a estéril é alegre mãe de filhos, o filho pródigo retorna ao lar, os amigos se perdoam, os doentes recebem cura... Cada sofredor aguarda ansiosamente por um recomeço, com um novo nome e uma nova história. A Bíblia nos conta a história de um homem que ganhou um novo nome e foi transformado. Consegue se lembrar de onde aconteceu? Exato, no deserto! Recorda-se do nome do personagem? Jacó.

A etimologia do nome desse patriarca é uma expressão hebraica cujo significado é "enganar, tirar vantagem", e boa parte de sua história tem muita relação com essa informação. Como vimos anteriormente, mas agora analisaremos sob outra perspectiva, ele foi o irmão gêmeo mais novo de Esaú, filho de Isaque, neto de Abraão e herdeiro da promessa. Apesar de sua mãe ter recebido de Deus uma palavra de sinalização de que o mais velho serviria o mais novo (Gênesis 25:23), a primogenitura foi um direito conquistado com muitas lágrimas. O enganador tirou vantagem do seu irmão e do seu pai para conquistar o que achava merecer e tornou-se, assim, um fugitivo. Primeiro fugiu do irmão e depois de seu sogro Labão, que o enganou diversas vezes.

No caso específico de Jacó, temos a sensação de que o sogro vingou o irmão mais velho e o pai. O mundo deu voltas. Primeiro, ele foi enganado no casamento. Depois, foi em seu salário. Por último, foi vítima de acordos duvidosos que visavam não permitir que ele partisse com sua família. Passados vinte anos, Jacó estava cansado!

Ele tinha esposas, filhos, servos e servas. Havia conquistado o que muitos de nós desejamos: tornou-se um homem rico, tinha muitos bens e uma família que crescia. Contudo, nem mesmo se ele vendesse tudo o que tinha adquirido, teria dinheiro suficiente para comprar o que ele mais desejava: paz para voltar para seu lar de origem e para poder recomeçar. O enganador enganado estava cansado de sofrer a consequência de suas escolhas. A lei da semeadura, porém, é infalível: tudo o que plantarmos é o que colheremos.

Em busca de sua nova vida, as Escrituras Sagradas dizem que Jacó "seguiu o seu caminho, e anjos de Deus vieram ao encontro dele" (Gênesis 32:1). Em seguida, ele passou toda sua família e seus bens pela passagem do rio Jaboque e ficou sozinho (Gênesis 32:22-23) sem saber que estava para vivenciar um momento decisivo.

> Então veio um homem que se pôs a lutar com ele até o amanhecer. Quando o homem viu que não poderia dominá-lo, tocou na articulação da coxa de Jacó, de forma que lhe deslocou a coxa, enquanto lutavam. Então o homem disse:
> — Deixe-me ir, pois vem o amanhecer.
> Jacó, porém, respondeu:
> — Não te deixarei ir, a não ser que me abençoes. (Gênesis 32:24-26)

Tudo que vivera até então conduziu Jacó ao momento mais importante: a transformação. Líderes precisam se dispor a serem transformados. A pedra bruta que existe em nosso interior, para ser transformada em diamante e brilhar, precisa suportar a pressão. Jacó sabia que não poderia continuar a conduzir sua vida como vinha fazendo. O jogo de enganar e ser enganado tinha de chegar ao fim. Da mesma forma, muitas vezes sabemos que uma transformação precisa acontecer em nossa vida, pois, caso contrário,

"
VOCÊ ESTARIA DISPOSTO A LUTAR ATÉ CONSEGUIR SER ABENÇOADO?

E SE ESSA INSISTÊNCIA LHE TROUXESSE DOR, AINDA ASSIM, RESISTIRIA?
"

não conseguiremos mais prosseguir porque estaremos presos em um ciclo vicioso e interminável. Nossa guerra ganha valor não pelas dores que causa, mas pela motivação pela qual se luta. Jacó reconheceu que precisava da bênção do Senhor e permitiu-se ser tocado para alcançar o despertar que o transformaria:

> Líderes precisam se dispor a serem transformados. A pedra bruta que existe em nosso interior, para ser transformada em diamante e brilhar, precisa suportar a pressão.

O homem lhe perguntou:
— Qual é o seu nome?
— Jacó — respondeu ele.
Então, o homem disse:
— O seu nome não será mais Jacó, mas sim Israel, porque você lutou com Deus e com homens e venceu. (Gênesis 32:27-28).

O ponto central de eu ter retomado a história de Jacó neste capítulo é este: Deus é especialista em mudar realidades e em contar novas histórias. Ele pode, a qualquer momento, começar algo novo. Jacó não era mais o enganador. Seu novo nome, Israel, nomeia uma nação e, conforme a promessa divina feita a Abraão, todo o mundo é abençoado por intermédio de sua descendência, Jesus Cristo, o nosso Salvador.

> Deus é especialista em despertar novas realidades. Ele é capaz de começar algo novo na sua vida.

Assim como fez com Jacó, ele pode mudar o nosso nome. É possível que, assim como aconteceu com o patriarca, a mudança seja dolorida, mas é carregada pela certeza de que vai gerar algo melhor. A pergunta a qual temos de responder é: estamos dispostos a deixar que o Senhor nos toque? Se a resposta for "sim", nós nos tornaremos mancos, ou seja, carregaremos uma marca do toque divino, mas também sairemos do deserto vitoriosos e com um novo nome!

DIMINUIR PARA CRESCER

O deserto é um lugar reservado para os grandes. A grandeza da nossa liderança desperta no deserto.

O maior de todos os profetas de todos os tempos pregou no deserto. João Batista já havia sido anunciado, antes mesmo do seu nascimento, como a voz que clama para preparar o caminho para o Senhor (Isaías 40:3). Era ali que o precursor de Cristo ensinava. Antes de Jesus revelar seu ministério ao mundo, aqueles que criam no Messias prometido e desejavam ser batizados depois de confessar seus pecados iam até o deserto da Judeia para ouvi-lo. Até mesmo Jesus foi batizado por ele, apesar de João Batista saber e declarar com clareza que não era digno de nem sequer levar as sandálias do Salvador:

> Eu os batizo com água para arrependimento, mas depois de mim vem aquele que é mais poderoso do que eu, de quem não sou digno de levar as sandálias. Ele os batizará com o Espírito Santo e com fogo. (Mateus 3:11).

Foi dessa maneira que o deserto, tão hostil e inóspito, tendo a presença de Deus, se fortaleceu como um lugar de renascimento. Os que ali chegavam arrependiam-se, eram transformados pelas águas do batismo e passavam a também anunciar a proximidade do reino do céu.

No deserto da Judeia, João Batista tinha uma mensagem firme e, talvez por isso, não tenha se encaixado nos padrões dos grupos religiosos judaicos da época. É pela potência que essa mensagem carregava que hoje podemos entender como o tempo de deserto é valioso para o processo de arrependimento. Mesmo que tanto dentro de nós como ao nosso redor tudo esteja seco, por intermédio do poder de Deus, podemos ser lavados e preparados para um novo nível, aquele para o qual somente Jesus pode nos promover.

Talvez nós observemos ao redor como as situações e as pessoas se coloquem e, assim como João Batista, não nos encaixemos nos padrões que estão à nossa volta. Podemos nos achar pequenos demais, pecadores demais, atarefados demais para estar em determinados círculos e, por esse motivo, tenhamos nos isolado e pensemos que Deus não vai mais fazer algo em nós ou por meio de nós. O deserto, porém, é um lugar de autoconhecimento, despertamento, arrependimento, transformação e vida.

O apóstolo Paulo foi outro que fez do deserto um lugar de crescimento. Há relatos de que, após seu encontro com Cristo no caminho para Damasco e de, em seguida, ter passado alguns dias com os discípulos, ele tenha se afastado das sinagogas e de seu forte vínculo com o judaísmo e tenha "desaparecido" no deserto por três anos (Gálatas 1:18). Ali, Paulo foi instruído, não por parte "de homens nem por meio de homem algum, mas por intermédio de Jesus Cristo e Deus Pai, que o ressuscitou dentre os mortos" (Gálatas 1:1).

Para a maioria de nós, em algum momento da nossa vida, o convite para o crescimento virá em forma de deserto, porque ali, onde muitas vozes não têm mais força para alcançar nossos ouvidos, nós poderemos escutar o que o Senhor tem a nos dizer e ensinar. A revelação profunda do Espírito de Deus tende a nos encontrar quando silenciamos tudo mais à nossa volta.

> HÁ ALGUMA ÁREA EM SUA VIDA QUE VOCÊ IDENTIFICA QUE PRECISA SER LAVADA PELAS ÁGUAS DO ARREPENDIMENTO?

> A revelação profunda do Espírito Santo tem maior probabilidade de chegar com clareza aos nossos ouvidos quando estamos no silêncio do deserto.

Paulo já havia adotado seu nome grego, assim como Jacó tinha se transformado em Israel e como Abrão passou a ser Abraão. Já não era mais Saulo, o perseguidor de cristãos, o que desejava impor o juízo de Deus pautado pela religiosidade. Era um homem nascido de novo, iniciante em sua jornada, pequeno, e que, por isso, precisava das lições que somente o deserto podem prover. Jesus afirmou que ele era, sim, "o instrumento que escolhi para levar o meu nome diante dos gentios e dos seus reis, bem como diante do povo de Israel" (Atos 9:15), mas precisava submeter-se e aprender a padecer pelo nome do Senhor.

Na jornada com Cristo, Deus muda nomes, salva, lava do pecado e muda velhos hábitos. É da vontade dele que venhamos a crescer também, conforme está escrito:

> Até que todos alcancemos a unidade da fé e do conhecimento do Filho de Deus, e cheguemos à maturidade, atingindo a medida da plenitude de Cristo. O propósito é que não sejamos mais como crianças, levados de um lado para outro pelas ondas, nem jogados para cá e para lá por todo vento de doutrina e pela astúcia e esperteza de homens que induzem ao erro. Antes, seguindo a verdade em amor, cresçamos em tudo naquele que é a cabeça, Cristo. (Efésios 4:13-15).

Precisamos nos permitir ser guiados pelo Senhor, ainda que ele nos leve ao deserto. Foi assim com João Batista, com Jesus, com o apóstolo Paulo e com tantos outros. No deserto, há tesouros escondidos pelos quais procuramos a vida inteira. Aliás, ali pode estar a oportunidade de abandonar a velha vida e avançar para algo novo com o Senhor, algo preparado por ele.

EM FAVOR DE ALGUÉM

Filipe, um dos discípulos de Jesus, recebeu um chamado específico do Senhor para se dirigir a uma região desértica. Ele não teve medo nem titubeou, apenas seguiu a orientação divina. O caso dele é bastante interessante, pois Filipe não seguiu rumo a uma estrada deserta por motivo próprio, mas para ajudar outra pessoa.

Filipe era um homem de Deus. No livro de Atos lemos que, em Samaria, ele anunciava Cristo com sinais miraculosos e a multidão o ouvia. Endemoniados eram libertos, paralíticos e mancos eram curados e, devido aos seus feitos em nome do Senhor, havia grande alegria na cidade (Atos 8:3-8). Ou seja, ele era um sucesso total, até que... um anjo do Senhor lhe disse: "'Vá para o sul, para a estrada deserta que desce de Jerusalém a Gaza.' Ele se levantou e partiu" (Atos 8:26-27).

No auge de seu ministério, Filipe foi conduzido por Deus a se encontrar com um homem etíope que lia as Escrituras e não as entendia. Guiado pelo Espírito Santo, ele perguntou se o homem compreendia as palavras do profeta Isaías e a resposta foi: "'Como posso entender se alguém não me explicar?' Assim, convidou Filipe para subir e sentar-se ao seu lado" (Atos 8:31).

Quantos não são os que se encontram perdidos ao nosso redor! A escola da vida talvez já tenha nos levado ao deserto algumas vezes, e a pedagogia de Deus não nos seja estranha. Ouvimos, cremos, nos arrependemos e agora somos cooperadores de sua obra. Surge, porém, uma pergunta: estaríamos dispostos a retornar ao deserto para explicar as verdades eternas a alguém?

É intrigante que, mesmo com tantos benefícios e transformações propostas com apenas uma ida ao deserto, ainda assim nós

> **VOCÊ ESTARIA DISPOSTO A IR A UM DESERTO POR ALGUÉM?**

Transformações no deserto

acabemos procrastinando em aceitar o convite a uma mera visita ao local. Aceitar ser enviado para lá sem questionar a fim de ajudar alguém parece inadmissível para alguns.

A sociedade contemporânea criou um novo deus, e este, infelizmente, está no altar de muitas vidas: o nosso eu. É certo que se nos dissessem que seria construída uma imagem, um altar ou coisa do tipo tendo o "eu" como homenageado, logo reconheceríamos e refutaríamos a ideia. Contudo, não é raro darmos um sorriso de felicidade ao mirarmos nossa imagem no espelho. O deserto é essencial.

> Ao nos permitirmos voltar ao deserto quantas vezes forem necessárias, nós nos posicionamos como quem realmente crê que Deus sabe o que faz.

Ao nos permitirmos voltar ao deserto quantas vezes forem necessárias, nós nos posicionamos como quem realmente crê que Deus sabe o que faz. Aceitar o chamado divino de ir ao deserto é confiar que não nos perderemos ali e ainda teremos a oportunidade de mostrar o caminho ao próximo. Quando passamos pelo deserto, entendemos que nossa vida não está voltada apenas para nós, mas, principalmente, para seguir os direcionamentos do Senhor!

> Então, Filipe, começando com aquela passagem da Escritura, anunciou-lhe as boas-novas de Jesus.
>
> Prosseguindo pela estrada, chegaram a um lugar onde havia água. O eunuco disse:
>
> — Olhe, aqui há água. Que me impede de ser batizado?
>
> Assim, deu ordem para parar a carruagem. Então, Filipe e o eunuco desceram à água, e Filipe o batizou. (Atos 8:35-38).

Uma alma foi salva porque um servo de Deus se permitiu ser guiado ao deserto e ali deixou-se ser usado pelo Senhor para a transformação de outra vida! Quando dizemos "sim" ao deserto, abrimos o caminho para a intervenção divina e para a atuação sobrenatural: "Quando saíram da água, o Espírito do Senhor arrebatou Filipe repentinamente. O eunuco não o viu mais e, cheio de alegria, seguiu o seu caminho" (Atos 8:39).

JESUS E O DESERTO

A maior arma de Satanás é a ignorância do homem quanto à Palavra de Deus.

— A. W. TOZER

Jesus é a pessoa mais importante que já viveu sobre a terra. Alguns de nós podem até tentar negar sua divindade, mas jamais poderão negar a influência que ele exerceu e continua a exercer sobre a humanidade. O calendário mundial é dividido em dois tempos na história, antes de Cristo e depois dele.

Uma das verdades mais aceitas no que se refere à vinda de Jesus a este mundo é a de que ele veio para nos deixar um exemplo a ser seguido. Ao estudar seu caráter, vemos como ele agiu e reagiu nas mais diversas situações, presentes até hoje no nosso dia a dia. Entre os eventos mais importantes, temos a sua ida ao deserto, que, aliás, deu início a seu ministério terreno.

> Jesus, cheio do Espírito Santo, voltou do Jordão e foi levado pelo Espírito ao deserto, onde, durante quarenta dias, foi tentado pelo diabo. Não comeu nada durante esses dias e, ao fim deles, teve fome. O diabo lhe disse:
> — Se és o Filho de Deus, ordena a esta pedra que se transforme em pão.
> Jesus respondeu:
> — Está escrito: "Nem só de pão viverá o homem"
> O diabo o levou a um lugar alto e mostrou-lhe num relance todos os reinos do mundo. E lhe disse:
> — Eu lhe darei toda a autoridade sobre eles e todo o seu esplendor, porque me foram dados e posso dá-los a quem eu quiser. Portanto, se me adorares, tudo será teu.
> Jesus respondeu:
> — Está escrito: "Adore o Senhor, o seu Deus e só a ele preste culto".
> Em seguida, o diabo o levou a Jerusalém, colocou-o na parte mais alta do templo e lhe disse:
> — Se és o Filho de Deus, joga-te daqui para baixo. Pois está escrito: "Ele dará ordens a seus anjos a seu respeito, para lhe

guardarem; com as mãos eles os segurarão, para que você não tropece em alguma pedra".

Jesus respondeu:

— Dito está: "Não ponha à prova o Senhor, o seu Deus".

Tendo terminado todas essas tentações, o diabo o deixou até ocasião oportuna. Jesus voltou para a Galiléia no poder do Espírito, e por toda aquela região se espalhou a sua fama. Ensinava nas sinagogas, e todos o elogiavam. (Lucas 4:1-15)

Nessa passagem, conhecida como *a tentação de Jesus*, vemos claramente as táticas do Diabo para tentar tirar o Senhor de seu propósito vicário redentor. O inimigo da nossa alma usa uma espécie de padrão, simplório, que poderíamos chamar de *O manual das tentações*. Diferentemente do célebre título literário *A arte da guerra*[1], no qual o autor Sun Tzu apresenta táticas elaboradas com princípios para batalhas e demonstra métodos de como conquistar e vencer o inimigo, *A arte da guerra de Satanás* é um manual curto, repetitivo e maçante. O padrão abordado com Jesus é o mesmo que ele aplicou a todos os seres humanos de todos os tempos, inclusive a você e a mim. As artimanhas e os métodos são sempre os mesmos e, apesar de conhecidos, permanecem fazendo que ele logre êxito. Não há surpresas ou novidades e, ainda assim, ele muitas vezes consegue o que quer.

Nesse manual do mal, existem três pecados que podemos chamar de princípios da queda. São eles: a concupiscência da carne, a concupiscência dos olhos e a soberba da vida. A palavra "concupiscência" tem, na sua raiz, como significado, o desejo. Quando falamos em concupiscência como algo capaz de nos conduzir à queda, abordamos os desejos da carne e os desejos dos olhos.

---

[1] TZU, Sun. *A arte da guerra*: os treze capítulos originais. São Paulo: Novo Século, 2015.

> "VOCÊ PERCEBE, EM SUA VIDA, PADRÕES REPETITIVOS QUE O FAZEM TROPEÇAR?"

Assim, queremos realizar a vontade do nosso corpo e conquistar o que nossos olhos veem, mas não nos pertence. Ao não obter êxito nessas duas esferas, o Diabo tem ainda mais uma tática, a soberba da vida, que nada mais é do que o orgulho. Este pode ser demonstrado pelo desejo de sucesso e de poder. João escreveu: "Pois tudo o que há no mundo — o desejo da carne, o desejo dos olhos e a arrogância da vida — não provém do Pai, mas do mundo" (1João 2:16).

> O mal segue com as três táticas que usa desde a criação para tentar nos derrubar: desejo da carne, desejo dos olhos e orgulho.

Se observarmos com atenção essa tríade, concluiremos ser exatamente o que Satanás ofereceu a Jesus, o que nos leva a questionar o por quê.

Quando voltamos ao início de tudo, em Gênesis, vemos que, ainda no Éden, a astuta serpente provocou em Eva o desejo de ser igual a Deus. Foi o desejo pelo poder (carne), somado ao que ela via e lhe parecia agradável (olhos), que fez que ela tomasse do fruto (Gênesis 3:6). Foi assim com Adão e Eva, foi assim com Jesus e é assim quando analisamos a fundo o que enfrentamos diariamente.

As Escrituras dizem que ninguém é tentado senão pela sua própria cobiça, ou seja, nossos próprios desejos (Tiago 1.13-17). Ainda que silenciosos e secretos, nossos desejos serão demonstrados por nosso comportamento, hora ou outra, ao nosso Inimigo, que está a espreita, para descobrir a verdadeira intenção do nosso coração. Como *A arte da guerra* ensina, um dos segredos da vitória é conhecer seu inimigo, bem como as táticas que ele utiliza. É assim que o Diabo age: ele nos estuda, anda em nosso derredor e aguarda a primeira oportunidade, uma pequena brecha, para nos tragar (1Pedro 5:8).

Se permanecermos na ignorância a respeito do manual de guerra inimigo e insistirmos em não crescer na graça e no conhecimento de Jesus (2Pedro 3:18), seremos presas fáceis para as táticas demoníacas, apesar de tão recorrentes e conhecidas. A razão pela qual ele não se preocupa com inovações é exatamente essa, afinal, mesmo repetitivos, tais métodos fazem inúmeras vítimas todos os dias. Se o time do mal está angariando vitórias, por que mudar?

Eu gosto muito de futebol, e uma das sensações dos últimos anos é o jogador argentino Leonel Messi. Pelo fato de ele ser um dos melhores jogadores do mundo, é comum que seja analisado por comentaristas, treinadores e até por outros jogadores. Eu mesmo já analisei sua maneira de jogar e se comportar em campo. A verdade a respeito dele é que, apesar de suas várias características fenomenais, ele já fez centenas de gols de maneira idêntica. Ele vem pela lateral como um facão que corta o campo, adentra o meio de campo, joga a bola para a perna esquerda e bate no canto oposto do goleiro. Aficcionado que sou por futebol, conheço sua principal jogada. Será que, porque eu a conheço, ele vai mudar? Claro que não! Agir diferente implica em criar uma grande possibilidade de obter resultados diferentes e, se ele está indo tão bem, mudar para quê?

> Se permanecermos com as mesmas atitudes, jamais conseguiremos mudar nossos resultados.

Esta premissa é válida, então, tanto para o Diabo como para o atual melhor jogador de futebol do mundo: em time que está ganhando, não se mexe.

Acontece que a prerrogativa também é válida para nós: se continuarmos agindo como agimos, nós teremos os mesmos resultados que já estamos obtendo. Mudar ou permanecer igual definirá nosso destino. Por isso, devemos nos colocar em movimento,

> VOCÊ ESTÁ DISPOSTO A TOMAR ATITUDES DIFERENTES PARA OBTER RESULTADOS DIFERENTES?

tanto para conhecer a verdade, quanto para deixar a passividade de lado. Não será com o mesmo comportamento que obteremos resultados diferentes.

Jesus agiu diferente do que se esperava de um homem desde o início de seu ministério terreno. Após ser batizado e presenciar ali a manifestação do Pai, que lhe chamou de filho amado no qual tem prazer, e do Espírito, que veio a ele em forma de pomba (Lucas 3:22), o natural seria que ele já saísse das águas cheio de poder divino e começasse a pregar. É assim que os homens fazem. Cristo, porém, foi conduzido pelo Espírito para o deserto, onde passaria quarenta dias e seria tentado pelo Diabo (Marcos 4:1).

Deus Pai acabara de dizer "Você é o meu Filho amado, em quem tenho prazer" (Lucas 3:22) e, como prova desse amor, enviou o Unigênito para o deserto! De início, essa informação nos parece, no mínimo, estranha.

Será que Deus não teria alguém menos importante para enviar ao deserto? Por que Jesus, aquele que jamais pecou, deveria passar por quarenta dias sem alimento e, ainda, ser colocado à prova? Porque um dos motivos para Cristo tornar-se homem era viver plenamente como humano e, dessa maneira, sofrer no deserto como nós sofremos para nos mostrar que é possível alcançar a promessa reservada para nós!

> Jesus é o exemplo de que podemos superar o deserto e alcançar a promessa que nos está reservada.

Assim como acontece com o ouro que, ao passar pelo fogo, torna-se mais puro, também nós provamos que cremos e confiamos em Deus quando estamos fragilizados em meio a um deserto. Satanás não é tolo e não intenta contra aquele que se sente forte, que está no momento da bonança, ele espera pacientemente o momento de maior fraqueza. O Diabo esperou Jesus estar com aparência de fragilizado pela fome para aparecer e propor-lhe matar o desejo de sua carne com o que faltava: o pão.

Há um padrão. Qual a carência? Pão? É justamente o que nosso inimigo oferecerá. Conforme o ditado popular, "a ocasião faz o ladrão", o que se torna verdade. Com fome, quem resiste a um prato de comida? Esaú, como vimos anteriormente, trocou seu direito de filho primogênito por alimento, tendo ficado um tempo muito menor que Cristo sem alimento. Precisamos, então, ser muito cautelosos com nossas fraquezas. Carente, quem rejeita um novo relacionamento? Amargurado, quem rejeita um conselho de vingança? Desenganado, quem rejeita uma "poção milagrosa"? Ganancioso, quem rejeita dinheiro ilícito?

Jesus deve ser nosso modelo em tudo. Devemos observar nosso exemplo de humanidade perfeita para que possamos viver e agir como ele. Somente assim será possível sairmos vitoriosos das nossas tentações.

CHEIOS DO ESPÍRITO

Quando foi batizado, o Espírito Santo desceu do céu como pomba sobre Jesus e permaneceu sobre ele (João 1:32). Esse é o primeiro ponto que não pode ser ignorado. Apenas ao sermos cheios do Espírito Santo (Efésios 5:18) é que estaremos preparados e fortalecidos para recusar os desejos da carne e resistir às tentações do Diabo. Por mais que a carne seja fraca, o Espírito é quem nos fortalece (Mateus 26:41), de tal maneira que não há desculpa para cairmos em pecado. Pelo contrário, ao nos tornarmos habitação do Espírito, temos garantia de vitória. Quem confia na carne por ela é sustentado, mas quem confia no Espírito prova da força de seu poder.

> Quem confia no Espírito do Senhor prova de seu poder.

Precisamos, então, tomar algumas providências para que o Espírito habite e transborde em nós. Em primeiro lugar, temos de nos dedicar à leitura da Palavra, pois é por intermédio dela que conhecemos a vontade de Deus e aprendemos a viver conforme o exemplo do nosso Senhor (Salmos 119:11). Segundo, devemos orar constantemente, como a Bíblia nos ensina em 1 Tessalonicenses 5:17. Orações são conversas francas que temos com o Pai para que possamos ouvir a voz e as orientações pessoais dele para nossa vida. Finalmente, precisamos nos afastar do que não agrada a Deus. Se o Senhor já nos orientou pela oração e pela leitura bíblica que algo é contra o desígnio divino para nossa vida, precisamos nos afastar e, dessa maneira, cumprir a vontade do Criador.

OBEDIENTES

Além de estarmos cheios do Espírito, se quisermos seguir o modelo de Jesus, precisamos estar atentos e ser obedientes à sua voz. Diferentes versões usam termos diversos para explicar como Cristo foi parar no deserto, entre eles: levado, conduzido, guiado pelo Espírito (Lucas 4:1). Todos indicam a necessidade de termos ouvidos sensíveis para escutar o direcionamento do Senhor e disposição para obedecer à vontade divina.

Na atualidade, Deus continua a falar.

Diante das tentações da vida, necessitamos receber a orientação do Espírito Santo para guiar nossos passos. Temos de satisfazer mais a vontade de Deus do que as nossas. Muitas pessoas tendem a achar que os desertos pelos quais passamos durante a vida são castigos divinos, ou seja, são consequências naturais de atos humanos de desobediência. Não é verdade. Existem, sim, casos, mas nem sempre é assim, ou alguém poderia dizer que Jesus pecou?

Um dos pontos mais importantes deste livro é desmistificar que as dores humanas são sempre causadas por erros. Assim como

> **VOCÊO TEM OUVIDO A DEUS? CASO SIM, TEM SE DISPOSTO A OBEDECER?**

Jesus foi conduzido pelo Espírito para o deserto a fim de nos deixar a lição de que o poder de Deus em nossa vida é maior que as circunstâncias ruins. Certa vez, Cristo encontrou-se com um homem cego de nascença, e a primeira pergunta que ouviu dos discípulos foi exatamente a respeito de quem havia errado para que aquilo lhe sobreviesse. Jesus respondeu que aquela situação havia sido permitida "para que se manifestasse nele a obra de Deus" (João 9:1-3). Nós também podemos ser levados ao deserto para que a vontade do Pai venha à tona.

FIÉIS

O próprio Deus pode nos levar ao deserto como oportunidade para que expressemos nossa fidelidade. É fácil ser fiel a Deus em um ambiente de louvor e adoração, quando tudo na vida é calmaria. O que acontece, porém, na escola, no trabalho e em locais em que somos a única pessoa que professa a fé em Jesus Cristo?

Apenas ao passarmos por circunstâncias contrárias, negativas, é que verdadeiramente saberemos e provaremos que o poder de Deus é nossa força. Foi o que aconteceu com o apóstolo Paulo quando por três vezes orou pedindo que um espinho fosse arrancando de sua carne. Não sabemos o que era exatamente, mas conhecemos a resposta de Deus:

> E, para evitar que eu me exaltasse por causa da grandeza dessas revelações, foi-me dado um espinho na carne, um mensageiro de Satanás, para me atormentar. Três vezes pedi ao Senhor que o tirasse de mim. Ele, porém, me disse: "A minha graça é suficiente para você, pois o meu poder se aperfeiçoa na fraqueza". Portanto, eu me gloriarei ainda mais alegremente nas minhas fraquezas, para que o poder de Cristo repouse em mim. Por isso, por Cristo, alegro-me nas fraquezas, nos insultos, nas privações, nas perseguições,

nas angústias; pois, quando sou fraco, então é que sou forte. (2Coríntios 12:7-10).

A resposta do Senhor a Paulo é a mesma para nós hoje. A graça dele nos basta e nos aperfeiçoa. É nesses momentos de aflição que devemos, como o apóstolo, nos gloriar alegremente para que o poder de Cristo repouse sobre nós. Deus nos ama e quer nos ensinar a depender menos dos homens e mais dele.

> Diante do sofrimento do deserto, a graça de Deus nos basta.

Outra ocasião apresentada na Bíblia é quando Deus levou seu povo, recém-saído da escravidão, para o deserto. O Criador precisava ser conhecido e tornar-se digno de confiança perante os hebreus, que estavam vivendo havia séculos sob forte influência egípcia. A fidelidade do povo foi provada e quase todos foram reprovados.

SEGUIDORES

No deserto, não há rotas fixas, não há um caminho sinalizado. O vento leva as areias de um lado para o outro, e podemos ser facilmente enganados pelas sensações e pela visão, porque a rota acaba escondida e, por isso, precisamos ter um guia.

Eu me lembro que houve uma ocasião em que estávamos em uma cidade que eu não conhecia e estávamos sendo guiados por um carro que ia diante de nós até o destino. Dirigimos por algum tempo e, ao chegar ao local — ou o que parecia ser o local —, desci do carro e, para a minha surpresa, havia seguido a pessoa errada. Eu não estava atento o suficiente e, mesmo havendo outro carro para seguir, não cheguei ao destino correto. A vida também é assim! Se seguimos na direção errada ou não ouvimos as pessoas certas, temos grandes chances de não chegarmos ao destino preparado por Deus e, no caso do deserto, corremos o sério risco de, inclusive, morrer ali.

Conheço pessoas que confundem sentimentos e desejos do próprio coração com a vontade divina. A experiência de Jesus no deserto, por sua vez, nos mostra o quanto, em tudo, ele estava amparado pelos preceitos bíblicos. Quando o Diabo começou a colocar em prática seu plano de destruição, fez a primeira proposta (pão) e tentou satisfazer os desejos da carne ao fazer uso de um texto fora do contexto, Cristo rebateu imediatamente e trouxe a verdade à tona.

FIRMADOS

Quando o desejo da carne é aflorado, a reação de quem é conduzido pelo Espírito diante das lutas da vida deve encontrar alicerce na Palavra de Deus. Observe que não é um conceito pautado pela religiosidade, uma vez que é possível sermos excelentes religiosos e, ainda assim, estarmos distantes da vontade divina para nossa vida. A religiosidade não tem nenhuma relação com uma vida de obediência, e o fato de Jesus combater o "evangelho dos fariseus" é prova.

Ter a Bíblia como preceito nada tem a ver com práticas de religiosidade, mas com uma religação da humanidade com Deus, o que pode acontecer somente pelo único e vivo caminho, o sangue de Jesus, conforme nos apresentam as Escrituras (Hebreus 10:19-21). Quanto mais da Palavra você conhece, mais você se torna apto a rebater as sugestões de Satanás. Pessoas caem e falham constantemente por falta de conhecimento, conforme está escrito: "O meu povo é destruído por falta de conhecimento" (Oseias 4:6). É a Palavra que nos faz vitoriosos frente às investidas do mal. Foi assim que Jesus fez, assim também nós o faremos.

"A PALAVRA TEM SIDO SEU ALIMENTO DIÁRIO PARA SUSTENTO NA HORA DAS TENTAÇÕES?"

> O método mais acertado para sermos vitoriosos diante das investidas do mal é ir diretamente à fonte, a Palavra de Deus.

Infelizmente, muitos de nós, ao precisar de direção, buscam por respostas em outras pessoas em vez de ir diretamente à fonte, a Palavra de Deus. Por certo que existem bons conselhos, e até a Bíblia nos indica a procurar os mais sábios. O método mais acertado, todavia, é o de ter o Espírito Santo como guia, e as Escrituras como bússola, pois somente assim teremos um caminho mais plano, embora não seja sinônimo de uma vida sempre livre de tentações. O texto é claro em dizer: "Tendo terminado todas essas tentações, o diabo o deixou até ocasião oportuna" (Lucas 4:13). O Diabo está continuamente atrás de oportunidades para nos destruir. Ele aguarda ansiosamente por um momento de fome, de carência emocional, de luto, entre outros, para lançar suas propostas: um negócio escuso, uma oportunidade de adultério, uma mentira etc.

O consagrado autor C. S. Lewis, em seu livro *Cartas de um diabo a seu aprendiz*[2], conta, basicamente, a história de um diabão que discipula um diabinho, um novato que havia acabado de começar a trabalhar para o inferno. Essa ficção traz exatamente os três pilares de *A arte da guerra de Satanás* e o seu manual ultrapassado: a concupiscência da carne, a concupiscência dos olhos e a soberba da vida.

Conhecedores das estratégias de Satanás, mas, principalmente, das armas de defesa e ataque que nos estão disponíveis, devemos rejeitar diariamente as propostas do mal e, com auxílio do

---

[2] LEWIS, C. S. *Cartas de um diabo a seu aprendiz*. Rio de Janeiro: Thomas Nelson Brasil, 2017.

Espírito e da Palavra, viver para a glória de Deus. Maldonado, o diabo mais experiente do clássico de Lewis, escreve ao inexperiente Vermelindo: "Como sempre, o primeiro passo é manter o conhecimento fora da sua mente."[3]

Dedique-se a conhecer as Escrituras. Ninguém consegue viver como deve sem conhecer a Palavra. A estratégia do Diabo mais usada é manter as pessoas distraídas na ignorância. Quanto menos conhecemos da Bíblia, mais fácil é sermos enredados. O despertar da nossa liderança, assim com o de tantos que vieram antes de nós e de muitos outros que virão depois, passará, necessariamente, pelo deserto. Quanto mais rápido aprendermos a reconhecer as artimanhas que nosso inimigo usa para tentar nos incitar ao erro e à derrota, mais rapidamente conseguiremos chegar ao destino.

> Para despertar nossa liderança, precisamos aprender a reconhecer as artimanhas do nosso inimigo e vencê-lo pela Palavra!

Deus quer quebrar o ciclo vicioso de mentiras de Satanás em nossa vida. Abandonemos nossos desejos, da carne e dos olhos, e o orgulho ao nos submeter à Palavra. Invistamos nosso tempo nela ao meditar de dia e de noite. Quando, então, as lutas surgirem, poderemos responder assim como Jesus: está escrito!

---

[3] Idem ibidem, p. 58.

LUGAR DE MILAGRES

*Dê o primeiro passo pela fé.
Você não precisa enxergar a escada inteira;
basta subir o primeiro degrau.*
— MARTIN LUTHER KING JR.

A palavra "milagre" nos remete à fé e, quando falamos em fé, logo nos lembramos de Abraão, afinal, ele ficou conhecido como o pai da fé. Abraão era um homem comum e estava longe de ser perfeito. Assim como nós, a fé do patriarca foi provada e amadureceu ao longo do tempo. Sua jornada no deserto o ensinou muito, da mesma maneira que faz com todos nós que desejamos viver uma vida de milagres.

A Bíblia nos conta poucos fatos a respeito do início da história desse homem chamado por Deus. Sabemos que ele era natural da cidade de Ur dos Caldeus, mas que habitava com sua família em Harã, um lugar devoto aos deuses pagãos da Mesopotâmia. Talvez esse fato explique o motivo de Deus o remover do ambiente no qual foi criado.

Abraão foi retirado do meio de um povo idólatra (Josué 24:2). O Senhor o fez romper em definitivo com qualquer vínculo com o modo de pensar pagão, pois, do contrário, não seria possível fazer dele o pai de uma nova nação. Não podemos agir de maneira nova se nossos pensamentos forem velhos e estiverem contaminados. Para desenvolvermos uma nova maneira de pensar, temos de observar quais são as influências às quais estamos expostos e, se forem negativas, temos de "sair da nossa terra".

O chamado do patriarca nos mostra como Deus é capaz de escolher homens improváveis. Ele encontra seus filhos nos lugares mais inimagináveis que possam ser concebidos e, por sua graça, se revela a eles, os transforma e faz tudo novo. No caso de Abraão, o novo era a promessa de paternidade de uma grande nação e, além disso, a posse de uma terra que estava em um lugar que, até então, era desconhecido, mas ficava em localização próxima, após o deserto. Ou será que estaria no meio dele?

Se pensarmos que a vida dos chamados por Deus é fácil, estaremos profundamente enganados. Abraão foi obediente e creu ao ponto de deixar tudo para trás em busca de uma promessa.

Lugar de milagres

O Senhor também nos faz promessas que, para serem cumpridas, demandam abandonarmos tudo que conhecíamos até então. Para alcançarmos a promessa de um novo tempo, temos de nos desvencilhar do pensamento antigo, de tal maneira a abraçarmos a visão dada por Deus.

No caso de Abraão, ainda que a confiança dele fosse plena, precisou ser provada. Ele era um homem idoso, casado com uma mulher estéril, ou seja, ao lado de Sara, formava o casal mais improvável para gerar uma nação.

Foram muitas as adversidades enfrentadas por eles enquanto peregrinavam de um deserto a outro na jornada a caminho das terras que o Senhor prometera um dia lhes dar por herança. Não é difícil imaginarmos que, em diversos momentos, eles tenham enfrentado temores, angústias, incertezas e até mesmo que tenha faltado fé ao pai da fé. Podemos, inclusive, nos valer de uma citação famosa do renomado pregador Charles Spurgeon para compreender melhor a situação: "Sempre que Deus quer fazer um homem grande, ele o quebra em pedaços primeiro."

Ideias preestabelecidas quebradas, pensamentos pequenos quebrados, limitações quebradas, ego quebrado. Somente quando tudo está quebrado, pode ser feito novo, transformado, aperfeiçoado. O Senhor foi quem aperfeiçoou Abraão dia após dia e o ensinou a ter um coração obediente até o dia que ele finalmente alcançou a maturidade. É o Senhor quem pode quebrar tudo que não o agrada para que o papel de influência que ele nos prometeu seja despertado.

> A jornada de quem recebeu uma promessa não é fácil, mas é recompensadora.

O teste final a que Abraão foi submetido — o qual conto logo adiante —, enfim, pôde provar que nada era impossível e

> VOCÊ ACREDITA QUE OS PROPÓSITOS DE DEUS, DE ALGUMA FORMA, PODEM SER FREADOS POR SUAS IMPROBABILIDADES E LIMITAÇÕES HUMANAS?

que nenhum deserto era insuperável ou permanente. É isto que os desertos são: oportunidades! Neles nossa força é forjada, e a grandeza divina se sobressai, a ninguém mais é dada a glória, o que agrada o coração de Deus. Tudo a que Senhor nos submete deve nos servir de aprendizado; o deserto deve nos quebrar para sairmos dele pessoas melhores.

Enquanto aprendemos, porém, é natural cometermos alguns erros. Conforme escrito nas Escrituras Sagradas, após aguardar dez anos, Sara se deixou tomar pela ansiedade em relação ao cumprimento da promessa. Ela já não cria mais que a promessa de parentalidade fosse literal. Deus havia dito que Abraão seria pai de uma grande nação, mas a promessa era destinada ao casal, como evidenciam os anjos do Senhor em visita a Abraão:

> O Senhor apareceu a Abraão próximo aos carvalhos de Manre, quando ele estava sentado à entrada de sua tenda, na hora mais quente do dia. Abraão ergueu os olhos e viu três homens em pé, próximos dele. Quando os viu, correu da entrada da tenda ao encontro deles e curvou-se até o chão. [...]
>
> — Onde está Sara, a sua mulher? — perguntaram.
>
> — Ali na tenda — ele respondeu.
>
> Então, um deles disse:
>
> — Voltarei a você dentro de um ano, e Sara, a sua mulher, terá um filho.
>
> Sara escutava à entrada da tenda, atrás dele. Abraão e Sara já eram velhos, de idade bem avançada, e Sara já tinha deixado de menstruar. Por isso, riu consigo mesma, ao pensar: "Depois de velha e enrugada, e o meu senhor já idoso, ainda terei esse prazer?" (Gênesis 18:1-2, 9-12).

Quantos de nós professamos crer no Deus que realiza milagres no deserto e, em razão da dor e da espera, começamos a abrir concessões? Começamos a aventar hipóteses como: "Às vezes, eu entendi errado"; "Provavelmente, Deus queria dizer outra coisa"; "Essa promessa não era para mim." Além disso, há aquelas situações nas quais fazemos como Sara. Ela cria que o Senhor faria de seu marido o pai de uma grande nação e, por isso, ofereceu-lhe sua escrava Hagar para "ajudar" Deus no cumprimento de sua promessa.

> Se Deus nos disse que fará algo, devemos aguardar pacientemente seu agir perfeito. Ele disse, ele fará.

Quando os anjos anunciaram a Abraão que Deus não havia mudado de ideia e sabia muito bem o que e como faria, Sara riu. Podemos imaginar essa risada dela quase como um suspiro, como aqueles que damos quando desacreditamos de algo: "Aham! *Tá!* Se isso fosse verdade, seria realmente muito bom! Mas como é impossível, valeu a tentativa de sonhar."

> Então, o Senhor disse a Abraão:
> — Por que Sara riu e disse: "Poderei realmente dar à luz, agora que sou idosa?". Existe alguma coisa impossível para o Senhor? Dentro de um ano, voltarei a você, e Sara terá um filho. (Gênesis 18:13-14).

A resposta do Senhor a Abraão, em relação ao riso de Sara, é a mesma que ele nos dá ainda hoje. Quando estamos no meio do deserto e olhamos sem saber ao certo de qual direção viemos e para a qual prosseguiremos, ou quando duvidamos que tudo pode mudar, ou ainda quando suspiramos por pensarmos que estamos distantes demais da realização de um sonho, de alcançar a promessa, Deus nos questiona: "Existe alguma coisa impossível para o Senhor?" No tempo certo, assim como aconteceu com Abraão e Sara, o Senhor cumprirá tudo o que prometeu e fará o que lhe é comum: milagres!

> "VOCÊ JÁ TENTOU AJUDAR DEUS A FAZER ALGO QUE SOMENTE ELE PODE FAZER?"

> O Senhor foi bondoso com Sara, como lhe dissera, e fez por ela o que prometera. Sara engravidou e deu um filho a Abraão na época exata que Deus lhe prometera. Abraão deu o nome de Isaque ao filho que Sara lhe dera [...]. Abraão tinha cem anos de idade quando Isaque, o seu filho, nasceu.
>
> Sara disse:
>
> — Deus me encheu de riso, e todos os que souberem disso rirão comigo.
>
> Ela acrescentou:
>
> — Quem diria a Abraão que Sara amamentaria filhos? Contudo, eu lhe dei um filho na sua velhice! (Gênesis 21:1-3, 5-7)

Abraão provou e viu a bondade de Deus no deserto. Pouco a pouco, em sua jornada, ele entendeu que precisava não só acreditar, mas viver conforme sua crença na fidelidade absoluta do Senhor. O pai da fé nos ensina por meio de seus erros e de seus acertos. Podemos aprender com ele a não desistir e não tentar alcançar a promessa por meio de atalhos; em vez disso, devemos permanecer firmes e crer naquele que se comprometeu conosco. Ele nos fará rir, e quem nos vir no futuro também rirá e glorificará o nosso Deus por seus milagres.

Chegou o tempo de entendermos que o Senhor é capaz de cumprir o que nos prometeu; ele sabe qual é o momento certo para que se cumpra. Enquanto a promessa não chega, aguardamos e aprendemos sobre ele. Nossa vida deve ser pautada pela Palavra, pois essa é a demonstração da verdadeira fé. Ao nos dedicarmos com diligência ao estudo das Escrituras, alcançaremos uma vida de obediência, pois ali não há outra fonte de conhecimento ou outro guia, senão o próprio Deus.

> Devemos pautar nossa vida pelas Escrituras, pois é assim que demonstramos ter a verdadeira fé.

Lugar de milagres

Além de pai da fé, Abraão também ficou conhecido como amigo de Deus (Isaías 41:8 e Tiago 2:23). Sua amizade e sua crença passaram por um teste derradeiro. Como acontece em qualquer relacionamento, a amizade entre Deus e Abraão foi solidificada pela confiança. A jornada do patriarca com o Senhor, pouco a pouco, demonstrou um amor que ia além de palavras, era demonstrado por ações concretas.

O nascimento de Isaque trouxe muitas alegrias. O menino era a personificação da promessa cumprida, da fidelidade de Deus expressa por meio de um milagre. Não havia quem pudesse ir contra essa verdade, já que o casal contrariava toda e qualquer possibilidade e expectativa humana de conceber filhos. Ainda assim, o relacionamento de Deus com Abraão prosseguiu estreito:

> Passado algum tempo, Deus pôs Abraão à prova, dizendo-lhe:
> — Abraão!
> Ele respondeu:
> — Sim, aqui estou.
> Então, Deus disse:
> — Tome o seu filho, o seu único filho, Isaque, a quem você ama, e vá para a região de Moriá. Sacrifique-o ali como holocausto em um dos montes que eu lhe indicarei.
> Então, Abraão se levantou cedo pela manhã e preparou o seu jumento. Tomou consigo dois dos seus servos e Isaque, o seu filho. Depois de cortar lenha para o holocausto, partiu em direção ao lugar que Deus lhe havia indicado. (Gênesis 22:1-3).

Abraão já caminhava com Deus havia pelo menos quarenta anos. Depois de ter um filho de maneira miraculosa, o pai da nação de Israel sabia que a voz divina era plenamente confiável, pois já tinha ouvido e obedecido a ela em meio ao deserto. A Bíblia diz que, ainda assim, o Senhor o pôs a prova. Essa afirmação pode nos

"VOCÊ CRÊ QUE O SEU DEUS É O DEUS DE MILAGRES?"

Lugar de milagres

fazer questionar: O que levaria Deus a querer provar quem já demonstra fidelidade para com ele? Qual o sentido dessa prova? As respostas são muitas e poucas ao mesmo tempo, pois retratam os mistérios de um Deus bom, ou como disse Jó: "Pois ele fere, mas trata do ferido; ele machuca, mas as suas mãos também curam." (Jó 5:18).

A história de Abraão continua com mais um milagre de Deus em ação!

Apesar da especificidade do pedido de entregar seu tão precioso único filho em um holocausto, por fé, ao ser questionado por Isaque sobre o sacrifício, o patriarca respondeu: "Deus mesmo há de prover o cordeiro para o holocausto, meu filho" (Gênesis 22:8). O escritor de Hebreus relata que a fé daquele pai no Criador era tão grande, que ele guardava uma certeza em seu coração: o Senhor tinha poder suficiente para ressuscitar Isaque dos mortos após ele obedecer e realizar o sacrifício (Hebreus 11:18). Ele sabia que o Deus em quem ele cria era o Deus de milagres.

Falar que cremos é diferente de agirmos em fé. O apóstolo Tiago nos disse que a fé sem obras é morta (Tiago 2:14-16), e a obediência mostrará se cremos verdadeiramente ou não. Abraão dizia crer no Deus invisível. Por onde passou, adorou, falou do seu Senhor e, inclusive, influenciou outros a também crerem nele. O que comprovou sua fé foram suas atitudes. Tudo começou com o chamado, no qual o patriarca creu e, por isso, deixou tudo para trás; depois, com o nascimento de Isaque e sua obediência ao circuncidá-lo e, por fim, quando o mesmo Deus que o deu se propôs a tirá-lo.

> Afirmar que cremos em Deus é diferente de agirmos em fé com a certeza de que veremos um milagre.

Muitas vezes, Deus nos pede para entregar exatamente o que ele mesmo nos deu. Às vezes, por exemplo, oramos por um emprego por muito tempo e, quando finalmente estamos empregados, de repente, Deus nos pede para mudar para outra cidade. Ou, então, trata-se de um carro que lhe pedimos, e agora ele pede que o vendamos e invistamos em outro projeto. Seja qual for o pedido que ele nos faça, precisamos estar prontos para responder: "Sim, Senhor!"

Quando Deus ordenou o sacrifício de Isaque, Abraão não pediu nem mesmo um tempo para pensar. O texto é claro em dizer que "Abraão se levantou cedo pela manhã e preparou o seu jumento. Tomou consigo dois dos seus servos e Isaque, o seu filho. Depois de cortar lenha para o holocausto, partiu em direção ao lugar que Deus lhe havia indicado" (Gênesis 22:3). Obediência tardia é desobediência!

A verdadeira fé caminha de mãos dadas com a obediência. Agir de maneira obediente é o fruto, a comprovação de quem verdadeiramente crê: "Abraão creu em Deus, e isso lhe foi atribuído como justiça" (Romanos 4:3). Você e eu também cremos a esse ponto? Precisamos ter fé!

> Abraão, contra toda esperança, em esperança creu, tornando-se, assim, pai de muitas nações, como foi dito a seu respeito: "Assim será a sua descendência". Sem esmorecer na fé, reconheceu que o seu corpo já estava sem vitalidade, porque tinha aproximadamente cem anos de idade, e que o ventre de Sara já estava sem vigor. Mesmo assim, não deixou de crer na promessa de Deus, mas foi fortalecido em sua fé e deu glória a Deus, porque estava plenamente convencido de que ele era poderoso para cumprir o que havia prometido. Como consequência, "isso lhe foi atribuído como justiça". Agora, não está escrito "lhe foi atribuído" somente por causa dele, mas também por nossa causa, a quem Deus atribuirá justiça, a nós, que cremos naquele que ressuscitou Jesus, o nosso Senhor, dentre os mortos (Romanos 4:18-24).

"O QUE DEUS PEDIU E VOCÊ TEM DEMORADO PARA OBEDECER?"

Todo aquele que crê no Senhor Jesus Cristo também é herdeiro dessas promessas. Pela fé, essa mesma justiça creditada a Abraão é creditada a nós que cremos no Filho de Deus. E é por isso que, assim como Abraão, ainda que sem vitalidade por causa do deserto, podemos permanecer completamente convictos de que o Senhor permanece poderoso e é capaz de cumprir suas promessas.

A liderança que existe em nós é despertada por um relacionamento de fé no Deus dos milagres. Ainda que o tempo no deserto nos pareça longo e dolorido demais, ele nos dá provisão. Mesmo se ele nos provar e pedir para lhe devolvermos aquilo que ele prometeu que seria nosso, devemos dar passos de obediência e crer que suas promessas jamais falham. Aquilo que o Senhor reservou para nós nos será entregue por ele para a glória dele. Enquanto estivermos no deserto, devemos crer e, conscientes de que Deus está trabalhando em nosso favor, nos preparar. Para um líder, o estudo contínuo, por exemplo, é essencial, bem como o desenvolvimento de uma boa rede de contatos, o *networking*.

> A liderança que existe em nós é despertada por um relacionamento de fé no Deus dos milagres.

O Deus de tantos milagres no deserto vem ao nosso encontro hoje, onde quer que estejamos, e nos prova a fim de saber onde está, verdadeiramente, a nossa fé.

> Quando chegaram ao lugar que Deus lhe havia indicado, Abraão construiu um altar e sobre ele arrumou a lenha. Amarrou Isaque, o seu filho, e o colocou sobre o altar, em cima da lenha. Então, Abraão estendeu a mão e pegou a faca para sacrificar o filho. O anjo do Senhor, porém, o chamou do céu:
> — Abraão! Abraão!

— Sim, aqui estou — ele respondeu.

— Não estenda a sua mão contra o rapaz — disse o anjo. — Não lhe faça nada. Agora sei que você teme a Deus, porque não negou dar a mim o seu filho, o seu único filho. (Gênesis 22:9-12)

Abraão creu até o último instante. O escritor de Hebreus chega a dizer que ele "figuradamente, recebeu Isaque de volta dentre os mortos" (Hebreus 11:19). E ali, em meio à mais dura prova, o Senhor o chamou. Deus tem muito a nos falar. Ele pode nos encontrar no nosso momento de maior dor, no limite do limite, mas, se os nossos ouvidos estiverem atentos, o ouviremos nos chamar pelo nome assim como fez com o pai da fé. Você não precisa ser considerado assim. Na verdade, o Senhor não busca em nós títulos, mas, por certo, nos provará a fim de obter nossa resposta mais sincera.

> Pela fé, a própria Sara também pôde ter um filho, apesar de ser estéril e avançada em idade, porque considerou fiel aquele que lhe havia feito a promessa. Assim, daquele homem já sem vitalidade originaram-se descendentes numerosos como as estrelas do céu e incontáveis como a areia da praia do mar. (Hebreus 11:11-12)

Considere fiel aquele que nos fez a promessa. Aquele que nos guia ao deserto não nos abandona ali. Ele quer fazer conosco o mesmo que fez com seu amigo Abraão. Quer nos forjar na jornada, desenvolver um relacionamento íntimo, de confiança e amor para, no fim de tudo, ao sermos aprovados, recebermos sua amizade e também a herança que ele nos prometeu.

A IMPORTÂNCIA DA DOR

Ao nos esquivarmos de uma provação, estamos procurando evitar uma bênção.
— CHARLES SPURGEON

Existe um processo para tudo na vida. Nosso Deus é um Deus de processos. Desde o início dos tempos, vemos que ele não nos entrega as circunstâncias todas prontas para desfrutarmos das vitórias, apesar de ele ter todo poder para tal. O que ele realmente faz é nos entregar uma promessa e um convite: "Vamos caminhar juntos até lá?" Foi assim com Noé, com Abraão, Jacó, Moisés, Raabe e tantos outros.

Até mesmo quando Jesus veio a este mundo com o propósito de reconectar a humanidade ao Pai celeste, submeteu-se ao tempo e à dor do processo. A Palavra diz: "pois não temos um sumo sacerdote que não possa compadecer-se das nossas fraquezas, mas sim alguém que, como nós, passou por todo tipo de tentação, ainda que sem pecado" (Hebreus 4:15). Logo em seguida, afirma: "Embora fosse Filho, ele aprendeu a obediência por meio daquilo que sofreu" (Hebreus 5:8). Esses dois trechos nos levam a concluir que, se nem mesmo Cristo foi poupado, por que nós o seríamos?

Cada um de nós também passará pelo processo necessário para despertar a liderança para a qual fomos chamados. Precisaremos enfrentar desertos, aprender com eles e nos tornar pessoas com perfil de influência segundo o padrão divino, para, finalmente, alcançarmos nossa promessa.

Algumas pessoas querem alcançar o lugar da promessa sem terem percorrido todas as etapas da jornada, mas são justamente os processos os responsáveis por nos condicionar. Sem condicionamento, não suportaremos o peso da promessa. Assim como um atleta precisa de exercício físico específico para ter um bom desempenho nas competições de seu esporte, um líder precisa também de mente, corpo e alma fortes para sustentar o peso da liderança. E os desertos são os responsáveis pelo fortalecimento.

> Os desertos são os responsáveis por condicionar mente, corpo e alma dos líderes.

A importância da dor

Para alcançarmos o condicionamento necessário, precisamos nos exercitar. Todos que praticam atividades físicas sentem a dor proveniente de seu esforço. Ainda que essa especificamente seja positiva, ninguém gosta de sentir dor. Os médicos, por sua vez, não escondem a importância dela para nossa sobrevivência, pois funciona como um alerta, um aviso de que algo não vai bem e precisa de cuidado. Devidamente identificada a dor, avançamos para o tratamento e, quando necessário, para a medicação. A dor é, então, um meio pelo qual alcançamos um resultado positivo.

O renomado jornalista e escritor Philip Yancey, em parceria com o médico Paul Brand, escreveu sobre o tema em *A dádiva da dor*[1], um dos livros mais impactantes que podemos ler a respeito dos benefícios da dor. Em resumo, os autores analisam uma comunidade de pessoas com hanseníase, popularmente conhecida como lepra, que não sentiam dores devido à doença e, por esse motivo, sofriam mutilações.

Como seres humanos, somos propensos a fugir da dor. A maioria das pessoas da nossa geração foge da dor como o Diabo foge da cruz. Estão sempre em busca de não se frustrar, não gostam de ser contrariadas, não sabem o que fazer quando a tristeza chega, não sabem sequer ouvir "Não". Vivem como se as dores fossem evitáveis. Yancey e Brand nos deixam claro, porém, que as dores nos protegem de males piores como perder partes do corpo. Os autores reforçam que, em vez de lutar para não sentirmos dor, devemos compreender e ouvir nossa dor, pois somente dessa maneira entenderemos essa dádiva que nos mostra a necessidade de nos tornarmos melhores.

Enquanto insistirmos em viver em função de buscar a felicidade irreal, amparada por postagens nas redes sociais, com olhos

---

[1] YANCEY, Philip; BRAND, Paul. *A dádiva da dor*. São Paulo: Mundo Cristão, 2005.

fixos no resultado, deixaremos de vivenciar os processos. Não há como funcionar! A Bíblia nos alerta, por meio do apóstolo Tiago, servo de Deus, em sua carta dirigida a nós, povo do Senhor espalhado pelo mundo, a ter a dor como motivo de grande alegria.

> Tiago, servo de Deus e do Senhor Jesus Cristo, às doze tribos dispersas entre as nações:
>
> Saudações. Meus irmãos, considerem motivo de grande alegria o fato de passarem por diversas provações, assim, vocês saberão que a prova da sua fé produz perseverança. No entanto, a perseverança deve ter ação completa, a fim de que vocês sejam perfeitos e íntegros, sem que lhes falte coisa alguma.
> (Tiago 1:1-4)

Antes de abordarmos os resultados da dor, porém, precisamos entender alguns pontos. O primeiro é que a dor é inevitável. Seja para o corpo físico, para nossa alma e até mesmo para o nosso espírito, vamos lidar com ela. Tiago não diz que há alternativa no texto; não afirma: "se por acaso", nem "se acontecer de", tampouco "caso um dia". Ele diz: "considerem motivo de grande alegria o fato de passarem por diversas provações". A Nova Versão Transformadora (NVT) diz: "Meus irmãos, considerem motivo de grande alegria sempre que passarem por qualquer tipo de provação" (Tiago 1:2), e o uso de "sempre" demonstra haver uma rotina, não uma escolha ou opção. A dor vai chegar e será mais do que uma vez!

> O fato de Deus ser bom não impede a verdade de termos de passar por dores.

Sabendo disso, o apóstolo Pedro deixou claro em sua mensagem: "Amados, não estranhem o fogo que surge entre vocês para prová-los, como se algo estranho estivesse acontecendo"

(1Pedro 4:12). Com esse trecho, é como se ele nos dissesse: "Não estou entendendo vocês! Desde quando a dor é novidade para um seguidor de Cristo?" Deus não tem prazer em nos fazer sofrer; em vez disso, alegra-se por saber que o aprendizado gerado pelo sofrimento nos tornará melhores. Não podemos nos esquecer do que compreendemos no início deste livro sobre o caráter imutável de Deus: ele é bom!

Sentirmos alegria na dor não é masoquismo. Antes, é confiança nas verdades de Deus. As provações testam nossa fé e produzem perseverança. Perseverança é sinônimo de maturidade. Quando nos guiamos pela fé, não somos conduzidos pelas circunstâncias; em vez disso, confiamos que, mesmo andando pelo vale da sombra e da morte, o Senhor está conosco (Salmos 23:4). Essa confiança faz toda a diferença!

Sadraque, Mesaque e Abde-Nego foram jovens hebreus e companheiros do profeta Daniel. Naquele período, a palavra do rei não podia ser questionada e suas ordens deveriam ser seguidas à risca. Os três rapazes, porém, recusaram-se a adorar a imagem de ouro perante a qual todos deveriam ser curvar sob pena de serem mortos de maneira brutal. Sua fé foi posta à prova, mas eles sustentaram sua fidelidade ao Senhor sem temer a ameaça da fornalha de fogo ardente. Em sua ira, o rei Nabucodonosor quis matá-los, mas, ao ver o resultado de seu intento, foi obrigado a dizer:

— Não foram três os homens amarrados que nós lançamos no fogo?

Eles responderam:

— Sim, ó rei.

O rei, porém, exclamou:

— Olhem! Estou vendo quatro homens, desamarrados e ilesos, andando no meio do fogo, e o quarto se parece com um filho dos deuses. (Daniel 3:24-25).

Deus poderia ter livrado os três da fornalha? Sim. Contudo, preferiu deixar registrado que, mesmo tendo permitido que fossem lançados para a morte, ele não os abandonaria. O Senhor se fez presente nas chamas com os três homens. Aconteceu com Sadraque, Mesaque e Abede-Anego, assim como com muitos outros homens e mulheres que dedicaram sua vida a Deus e continua a ser da mesma maneira conosco. Pedro nos exorta a permanecermos firmes:

> Resistam [...], permanecendo firmes na fé, sabendo que os irmãos que vocês têm em todo o mundo estão passando pelos mesmos sofrimentos. O Deus de toda a graça, que os chamou para a sua glória eterna em Cristo Jesus, depois de vocês terem sofrido por pouco tempo, os restaurará, os confirmará, os fortalecerá e os porá sobre firmes alicerces. (1Pedro 5:9-10).

Desde o Éden, o Senhor queria estar com o homem, fazer-lhe companhia, não apenas se revelar a ele como Deus soberano, todo-poderoso e inacessível. Nosso Deus é relacional. Insistentemente, durante toda a história, o Senhor se prontificou a habitar com seu povo e a conduzi-lo pelo caminho. Ele não é uma bússola ou um mapa, ele é o caminho!

O Senhor é quem nos conduz, mesmo em meio ao processo da dor. Se é verdade que não podemos deixar de sentir dor, também é verdade que jamais passaremos pelo processo do sofrimento sozinhos. Nas provações, ele estará ao nosso lado, nos guiará pelas mãos, será a nossa proteção contra o fogo que tenta nos atingir, pois somente dessa maneira chegaremos a salvo ao nosso destino.

> Jamais passaremos pelo processo do sofrimento sozinhos. Deus estará do nosso lado o tempo todo.

A importância da dor

O problema é que, ao termos um vislumbre do destino, ao experimentarmos o sabor da promessa, rapidamente soltamos o braço de Deus e achamos que conseguimos chegar até lá sozinhos. Neste momento, você pode questionar se é impossível alcançarmos o que está reservado para nós por contra própria. Sim, podemos. Há, contudo, diversas situações negativas a esse respeito.

A primeira objeção à tentativa de trilharmos o caminho da promessa sem a companhia divina é a solidão. Podemos passar a vida toda sem nos relacionarmos com Deus por escolha, mas é certo que contar com o cuidado do Senhor, gerador da paz que excede todo entendimento e guarda nosso coração e nossa mente, quando enfrentamos nossas dores, é um acalento. Nossas alegrias também ganham sabor especial por vivermos cada uma delas com o Criador do Universo.

Outro ponto contrário a tentarmos conquistar a promessa firmados na nossa própria força é que, para chegar lá, teremos um caminho longo no deserto que, na companhia do Senhor, poderia ser evitado. Com certeza, Deus sabe o que está fazendo e tem a visão do quadro já pronto enquanto mal enxergamos o esboço. O Pai celeste conhece as rotas, todas as opções de trajeto e todos os possíveis perigos a serem enfrentados na jornada. Não devemos nos esquecer também de que a beleza da viagem não está apenas no destino, mas no caminho todo. Podemos ter em mãos a biografia emocionante de alguém e lê-la em poucos dias, mas quantos anos, décadas, levou para que todas aquelas histórias acontecessem? A beleza da vida está nos detalhes dos dias comuns, contendo eles alegrias ou não.

Por esse motivo, outro item que não pode passar desapercebido é que Deus nunca perde o controle! Não há nada neste mundo a respeito do qual Deus não saiba. O rei Davi reconheceu essa verdade e escreveu o seguinte salmo:

> "VOCÊ PERCEBE QUE, APESAR DE NÃO TER CHEGADO AO DESTINO, PODE APROVEITAR A JORNADA?"

> Senhor, tu me sondas e me conheces. Sabes quando me sento e quando me levanto; de longe, percebes os meus pensamentos. Tu conheces a minha jornada e o meu descanso; todos os meus caminhos são bem conhecidos por ti. Antes mesmo que a palavra me chegue à língua, tu, Senhor, já a conheces inteiramente. Tu me cercas, por trás e pela frente, e pões a tua mão sobre mim. Tal conhecimento é maravilhoso demais para mim; é tão elevado que não o posso atingir. Para onde poderia eu escapar do teu Espírito? Para onde poderia fugir da tua presença? Se eu subir aos céus, lá estás; se eu fizer a minha cama no Sheol, também lá estás. Se eu tomar as asas da alvorada e morar na extremidade do mar, mesmo ali a tua mão me guiará e a tua mão direita me susterá. Se eu disser: "Certamente as trevas me encobrirão, e a luz ao meu redor se tornará noite", nem mesmo as trevas serão escuras para ti; a noite brilhará como o dia, pois para ti as trevas são luz. (Salmos 139:1-12).

Deus nos vê! Não há como nos escondermos do Deus soberano. Não há lugar para o qual poderíamos fugir ou aonde poderíamos ir para nos esconder. Quando passamos por nossas dores junto com o Senhor, não estamos recebendo castigo divino; na verdade, por vislumbrar a beleza do resultado que nossas dores geram em nós, ele permite que as enfrentemos e fica ao nosso lado como auxílio a todo momento. Nosso papel é nos submeter e confiar que ele sabe o que faz e tem um propósito em todas as situações, ainda que não haja uma solução instantânea desejada.

O caso de José do Egito é um exemplo primoroso desse tema e está registrado em Gênesis 37–50. José foi um filho muito desejado por seu pai, Jacó — que teve o nome mudado para Israel, como vimos anteriormente —, com a esposa por quem ele trabalhou por catorze anos para poder se casar. Por muitos anos, Raquel, sua mãe, sofreu com a infertilidade até engravidar. Quando nasceu,

José foi criado com muito amor e cuidado: ele trabalhava com seus irmãos mais velhos, filhos das outras esposas de Jacó, mas tinha algumas regalias, pois era espião e fofoqueiro das tarefas deles para o pai.

Tudo seguia o curso normal da vida até que duas circunstâncias agravaram o relacionamento entre os irmãos. José ganhou uma túnica ornamentada e teve dois sonhos:

> Israel amava José mais do que a qualquer outro filho, porque lhe havia nascido na sua velhice; por isso, fez para ele uma túnica toda ornamentada. Quando os seus irmãos viram que o pai o amava mais do que a qualquer outro filho, odiaram-no e não conseguiam falar com ele amigavelmente.
>
> Certa vez, José teve um sonho e, quando o contou aos seus irmãos, eles passaram a odiá-lo ainda mais.
>
> — Ouçam o sonho que tive — disse-lhes. — Estávamos amarrando os feixes de trigo no campo, quando o meu feixe se levantou e ficou em pé, e os feixes de vocês se ajuntaram ao redor do meu e se curvaram diante dele. [...]
>
> Depois teve outro sonho e o contou aos seus irmãos:
>
> — Tive outro sonho, no qual o sol, a lua e onze estrelas se curvavam diante de mim. (Gênesis 37:3-6, 9).

José era um rapaz de 17 anos quando teve esses sonhos. Nenhum menino dessa idade teria condições de se tornar o grande governante do Egito, abaixo apenas do faraó. Certamente ele não teria maturidade para lidar com tantas demandas e com a pressão do povo local e das regiões próximas que sofriam de fome. A promessa estava feita, mas a liderança precisava despertar.

Para desenvolver a empatia necessária para lidar com a dor de tantas pessoas, inclusive dos irmãos que o fizeram sofrer, José passou por um grande tempo de deserto, estimado em treze anos. Primeiro, ele foi vendido como escravo pelos próprios irmãos.

A importância da dor

Em seguida, ganhou a confiança de seu senhor e se tornou o líder de todos os funcionários da casa, mas a esposa do senhor quis ter um caso com ele, que não aceitou. Ainda assim, ele foi incriminado e enviado para a cadeia. Até mesmo naquele local e cercado de pessoas que tinham agido contra a lei, José se destacou e ficou responsável pelos demais presos, de tal maneira que o carcereiro não precisava se preocupar com nada.

> Quando estamos no deserto, nós enxergamos a dor das circunstâncias do momento, mas Deus vê a promessa cumprida no futuro.

Passado algum tempo, dois dos presos estavam tristes porque tinham tido sonhos e não conseguiam compreendê-los, mas José os interpretou com perfeição e pediu a um dos homens um favor: "Quando tudo estiver indo bem com você, lembre-se de mim e seja bondoso comigo; fale de mim ao faraó e tire-me desta prisão pois fui trazido à força da terra dos hebreus, e também aqui nada fiz para ser jogado neste calabouço" (Gênesis 40.14-15). Entretanto, ao conseguir de volta o cargo desejado, o homem não se lembrou de José durante dois anos, até o próprio faraó ter um sonho que ninguém conseguia interpretar. O hebreu foi capaz de predizer o que aconteceria ao Egito nos anos seguintes e, por sua sabedoria, além de ser solto da prisão, foi elevado ao cargo de governante do país mais importante do seu tempo.

Apesar de ter alcançado um cargo tão prestigiado, José ainda não havia alcançado sua promessa. Foi necessária quase mais uma década para que os sonhos do hebreu fossem realizados: "José era o governador daquela terra e era ele que vendia grãos a todos os povos. Por isso, quando os irmãos de José chegaram, curvaram-se diante dele com o rosto em terra" (Gênesis 42:6). Nesse momento, faltava pouco. O governante do Egito, porém, não estava totalmente curado de suas mágoas em relação aos irmãos: ele chorou, prendeu os de seu sangue e depois colocou prata na bagagem deles para parecer que havia sido roubado.

O coração de José foi se quebrantando ao perceber o arrependimento de seus irmãos, e ele finalmente se revelou e mostrou como Deus é capaz de transformar histórias e redimi-las: "Agora, não se aflijam nem se recriminem por terem me vendido para cá, pois foi para salvar vidas que Deus me enviou adiante de vocês [...]. Deus, porém, me enviou à frente de vocês para lhes preservar um remanescente nesta terra e para salvar-lhes com grande livramento" (Gênesis 45:5,7). A promessa cumprida com a liderança despertada, o tempo do deserto estava finalizado!

> Deus quebranta nosso coração no deserto, para sermos líderes fortes e compassivos.

A ansiedade humana nos leva a querer que tudo aconteça no nosso tempo, do nosso jeito, conforme a nossa vontade, o que levanta a questão: quem, afinal, é o Deus aqui? Ele sabe o tempo certo para que tudo aconteça somente quando estivermos preparados. Temos de aprender a ter empatia pelos que vão depender de nós; precisamos desenvolver a sabedoria que os anos de vida e as experiências de deserto podem nos prover; devemos aprender que os demais também estão na jornada desta vida e, ao serem influenciados por nós, vão receber uma verdadeira mentoria para alcançarem sua própria promessa, e enfrentar as dores faz parte do processo.

O profeta Isaías fez uma declaração sobre Jesus:

> Ele não tinha nenhuma beleza ou majestade que nos atraísse, nada havia na sua aparência para que o desejássemos. Foi desprezado e rejeitado pelos homens, um homem de dores

> **COMO VOCÊ TEM RESPONDIDO À DOR?**

e experimentado no sofrimento. Como alguém de quem os homens escondem o rosto, foi desprezado, e não o tínhamos em estima. (Isaías 53:2-3).

Jesus, embora sendo Deus, esvaziou-se a si mesmo, tornou-se servo, semelhante aos homens; ele conhece nossos sofrimentos porque também sofreu. O apóstolo Paulo nos alertou: "Seja o modo de pensar de vocês o mesmo de Cristo Jesus" (Filipenses 2:5) e confessou:

> Porque me parece que Deus pôs a nós, os apóstolos, em último lugar, como condenados à morte. [...]. Até agora, estamos passando fome, sede e necessidade de roupas; somos tratados brutalmente, não temos residência certa e trabalhamos arduamente com as próprias mãos. Quando somos amaldiçoados, abençoamos; quando perseguidos, suportamos; quando caluniados, respondemos amavelmente. Até agora, tornamo-nos a escória da terra, o lixo do mundo. (1Coríntios 4:9, 11-13).

Em suas últimas palavras, registradas em 2Timóteo 4:17, depois de tudo que passou, Paulo disse: "Mas o Senhor permaneceu ao meu lado e me deu forças, para que por mim a mensagem fosse plenamente proclamada, e todos os gentios a ouvissem" (2Timóteo 4:17). Sempre haverá um propósito. Deus jamais nos abandonará.

O Senhor faz tudo com um propósito e os propósitos dele são sempre maiores.

> Como os céus são mais altos do que a terra, assim os meus caminhos são mais altos do que os seus caminhos, e os meus pensamentos, mais altos do que os seus pensamentos. Como a chuva e a neve descem dos céus e não voltam para eles sem regar a terra e a fazer brotar e florescer, para que ela produza semente para o semeador e pão para o que come, assim

ocorre com a palavra que sai da minha boca: ela não voltará para mim vazia, mas fará o que desejo e atingirá o propósito para o qual a enviei. (Isaías 55:9-11)

Não passamos por dores a fim de nos sentirmos frustrados por não conseguirmos alcançar a promessa sozinhos, mas porque Deus estende suas mãos para conosco caminhar e nos guiar até o destino. Diariamente ele nos convida a seguir com ele. Diariamente traz o sustento necessário para o caminho, assim como fez com o povo no deserto durante os quarenta anos de peregrinação. O maná não servia para o amanhã, apenas para o hoje. Tudo aponta para um Deus de processos, de passo a passo, de relacionamento. As promessas não mudarão; antes, estarão à nossa espera, pois a palavra divina não volta vazia, cabe a nós confiarmos nele: a semente precisa morrer para germinar e dar fruto, a água desce do céu com o propósito de regar a terra seca.

Quando pensamos em uma grande dor, é comum associarmos o momento a um parto. Em relação a uma situação demasiadamente difícil, dizemos: foi um parto! Contada entre as maiores dores, a de parto exprime grande sofrimento, mas, em seu resultado, gera vida. Jesus mesmo falou sobre esse paradoxo aos discípulos e deixou claro que, por mais que houvesse um momento de tristeza, com ele, haveria alegria:

> A mulher que está dando à luz sente dores, porque chegou a sua hora, mas, quando o bebê nasce, ela se esquece do sofrimento, por causa da alegria de ter gerado um filho no mundo. Assim acontece com vocês: agora é hora de tristeza para vocês, mas eu os verei outra vez, e vocês se alegrarão, e ninguém tirará essa alegria de vocês. (João 16:21-22).

Se estivermos com Jesus durante a nossa dor, haverá alegria. Se ele estiver no barco, estaremos seguros mesmo em meio

> **VOCÊ SERIA CAPAZ DE ENTREGAR SUAS DORES NAS MÃOS DO PAI?**

A importância da dor

às tempestades (Marcos 4:35-41). Os discípulos tinham Cristo ali, mas não se deram conta do que isso representava até que ele acalmasse os ventos e os mares. "Então, perguntou aos seus discípulos: 'Por que vocês estão com tanto medo? Ainda não têm fé?'" (v. 40). Ele nos faz a mesma pergunta hoje: Por que temer se ele está conosco? A presença de Jesus é, por si só, garantia de alegria, ainda que vivamos momentos de dor semelhantes às dores de parto. Deus nos disse: "Nunca o deixarei; jamais o abandonarei". (Hebreus 13:5).

Há beleza na dor porque ela nos garante a vida, nos alerta de que algo não vai bem com o nosso corpo, aponta para um relacionamento abusivo, nos leva a confiar no Pai e dizer: "Podes me guiar, eu confio em ti, Senhor!"

Quando somos conduzidos pelo Pai, ainda que imaginemos estar sem saída, com um exército ao nosso encalço de um lado e com um mar do outro, seremos direcionados: "Por que você está clamando a mim? Diga aos israelitas que sigam avante" (Êxodo 14:15). O Senhor não nos permite a dor para nos paralisar, mas para nos ensinar a prosseguir, a avançar, a continuar, a confiar. Ele é quem vai à frente e faz o que não podemos fazer por nós mesmos.

A dor nos leva a ver o quanto Deus nos ama e transforma as situações de lamentação em oportunidades para ser o Deus do seu povo, o Salvador, o solucionador do impossível. Ele quer se mostrar forte com quem entrega o coração a ele (2Crônicas 2:9). O anseio divino é pelo nosso coração. Como Pai bondoso, ele espera que seus filhinhos lhe estendam os braços e peçam ajuda a ele. Ao segurar-nos pelas mãos, ele pavimenta o caminho que trilhamos pela fé, abre portas que nem sequer existiam, limpa e fecha feridas abertas e nos mostra a beleza de caminhar com ele. Com a superação da dor, vamos nos tornar agentes compassivos que brilham a influência divina a todos ao nosso redor.

DEUS NÃO DESPERDIÇA NADA

No deserto você descobre três coisas: Quem é amigo, quem é você, quem é Deus.

— BILLY GRAHAM

Existe uma história na Bíblia contada em apenas sete versículos que nos traz muitos aprendizados. É um relato bem conhecido do diálogo entre uma viúva e o profeta Eliseu.

> Certo dia, a mulher de um dos membros da comunidade dos profetas suplicou a Eliseu:
> — O teu servo, o meu marido, morreu, e tu sabes que ele temia ao Senhor. Agora, porém, veio um credor que está querendo levar os meus dois filhos como escravos.
> Eliseu perguntou-lhe:
> — Como posso ajudá-la? Diga-me, o que você tem em casa?
> Ela respondeu:
> — A tua serva não tem nada além de um pequeno jarro de azeite.
> Então, Eliseu disse:
> — Vá pedir emprestadas vasilhas vazias a todos os vizinhos, mas peça muitas. Depois, entre em casa com os seus filhos e feche a porta. Derrame daquele azeite em cada vasilha e separe as que você for enchendo.
> Ela foi embora, fechou-se em casa com os seus filhos e começou a encher as vasilhas que eles lhe traziam. Quando todas as vasilhas estavam cheias, ela disse a um dos filhos:
> — Traga-me mais uma.
> Ele, porém, respondeu:
> — Já acabaram.
> Então, o azeite acabou. Ela foi e contou tudo ao homem de Deus, que lhe disse:
> — Vá, venda o azeite e pague as suas dívidas. Você e os seus filhos viverão do que sobrar. (2Reis 4:1-7)

A lição inicial que tiramos da história da viúva não diz respeito a ela própria, mas à reputação de seu marido. Praticamente não

> **A QUEM VOCÊ RECORRE QUANDO SE DEPARA COM O DESERTO?**

conhecemos o servo de Eliseu a respeito de quem o texto trata. Não temos o nome, nem a idade, nem sequer a qual tribo ele pertencia, mas de uma coisa sabemos: ele temia ao Senhor!

O segundo ponto interessante é relativo ao modo de agir. Mesmo diante do desespero de poder perder os filhos em razão de dívidas, a viúva não ficou parada, chorando, murmurando ou culpando a Deus. Ela não questionou como um homem temente a Deus pôde morrer e deixar sua viúva tão endividada a ponto de perder seus filhos para a escravidão. Ao deparar-se com aquela situação, ela buscou ajuda no lugar certo, correu ao profeta.

O terceiro item dessa história é a resposta dada ao profeta quando ele se prontificou a ajudar. Ao perguntar: "Como posso ajudá-la? Diga-me, o que você tem em casa?" Aquela viúva inicialmente respondeu que não tinha nada e, depois, acrescentou: "Uma vasilha de azeite". Se ela tinha uma vasilha de azeite, tinha alguma coisa! Conosco também é assim: olhamos ao nosso redor e, tomados pelo medo, pensamos que não temos nada; menosprezamos nossas conquistas, por sempre imaginarmos faltar isso ou aquilo; culpamos pessoas e situações pela nossa realidade. Temos, na verdade, que compreender que, para Deus, não é necessário nada além do que aquilo que já temos para ele realizar um milagre.

Em Gênesis 1, Deus tomou a terra sem forma e vazia e criou tudo o que existe do nada. Na maioria das vezes, porém, podemos ver Deus agir em nosso favor a partir do pouco que temos. A verdade é que Deus não desperdiça nada! Ao se deparar com uma multidão faminta depois de horas ouvindo sua pregação, Jesus recebeu apenas cinco pães e dois peixinhos, e pensou: isto é mais que suficiente. Nas mãos de nosso Senhor, essa quantidade alimentou todo o povo reunido, e ainda sobraram doze cestos (Mateus 14:13-21).

> Temos tudo o que é necessário para Deus agir em nosso favor.

Deus não desperdiça nada

O que temos é suficiente e sempre o será se mudarmos nossa maneira de pensar. As Escrituras mencionam a importância da renovação da nossa mente, de não nos deixarmos moldar por este mundo (Romanos 12:2), ou seja, não enxergarmos as situações com olhos de escassez e derrota; em vez disso, temos de nos lembrarmos a quem pertencemos. Tudo é uma questão de buscarmos entender a situação pela perspectiva correta. O povo hebreu, quando foi liberto do Egito por Moisés, já se tornou imediatamente livre, mas, ainda assim, permanecia com pensamento escravo. A mente estava tão escravizada que reclamaram da libertação conquistada pelo Senhor em favor deles e manifestaram sentir saudades do Egito (Números 11).

A mulher do nosso texto, por sua vez, ao apresentar seu único bem, um pequeno jarro de azeite, abriu espaço para o agir de Deus. Depois de contar ao profeta acerca de sua condição miserável, este pôde lhe dizer o que fazer: "Vá pedir emprestadas vasilhas a todos os vizinhos, mas, peça muitas."

No decorrer dos versículos, conseguimos perceber como aquela mulher também era temente a Deus. Ela obedeceu a tudo que o profeta lhe disse: pediu muitas vasilhas aos seus vizinhos, depois fechou a porta, ficou a sós com seus filhos e começou a derramar o azeite. A orientação do profeta não fazia sentido; afinal, passar o conteúdo de uma vasilha para outra faria que o pouco que tinha diminuísse, não o contrário. Mesmo assim, ela o obedeceu.

Quando estamos no deserto, é natural termos a perspectiva de que muitas coisas não fazem sentido. Às vezes, exatamente quando estamos doentes, o Senhor nos pede para orar pela cura de alguém; ao sermos maltratados, Deus nos pede para perdoar; quando somos humilhados, ele nos pede para servir; ao estarmos em crise financeira, ele nos pede para sermos mais generosos. Em muitas dessas situações inusitadas, questionamos: "Que sentido há nisso?" E a resposta é a fé! Deus muitas vezes permite

> **VOCÊ JÁ APRESENTOU A DEUS O QUE TEM EM MÃOS?**

que cheguemos a determinado lugar para provar nosso coração. Nossa confiança está no que temos e somos ou no Senhor de todas as coisas?

A viúva somente tinha a perder por tomar a atitude de obediência a Eliseu, mesmo assim, agiu conforme o profeta de Deus lhe indicou. Depois de ver e participar do milagre, ela voltou e "contou tudo ao homem de Deus". Essa é outra lição que podemos aprender com essa mulher de fé. Se o azeite já havia sido multiplicado e ela já tinha conseguido tudo de que necessitava para pagar suas dívidas e ainda viver, por que ela voltou ao homem de Deus? Submissão!

Quantos de nós, após um longo período no deserto, ao recebermos uma bênção, um suspiro em meio à dor, ao presenciar um milagre, passamos a agir conforme nossa cabeça nos dita! Agir assim é assumir um lugar que não é nosso, significa escolher a direção a seguir sem ao menos perguntar ao Senhor qual é o próximo passo que ele preparou para nós. Voltamos mais uma vez ao ponto que temos tratado, do sentido do deserto, que não está no sofrimento, mas na dependência de Deus.

> Precisamos ter mente aberta, coração obediente e ouvidos atentos a Deus para superar o deserto.

A viúva voltou, contou ao profeta o ocorrido e, assim, pôde receber dele a orientação: "Vá, venda o azeite e pague as suas dívidas. Você e seus filhos viverão do que sobrar." Deus quer fazer o milagre em nossa vida, mas espera que estejamos em contato constante com ele, de mente aberta, coração obediente e ouvidos atentos para que, quando o desespero nos alcançar, quando encontrarmos uma solução para nossos dilemas, quando precisarmos de uma resolução e quando obtivermos a vitória, seja sempre para ele que correremos para contar a vitória e pedir orientação para os próximos passos. Ele nos quer por perto sempre!

Por fim, podemos aprender que a viúva não foi passiva. Tão logo os credores bateram em sua porta para levar seus filhos, ela reagiu buscando a Deus para encontrar uma solução. Ela não se acovardou, não se escondeu, não entrou em crise de choro em casa, embora tivesse todos os motivos para isso. Ela se levantou e foi em busca do Senhor que realiza milagres e voltou com o milagre para casa.

O deserto chega a nossa vida e tenta nos paralisar de medo, mas, quando buscamos a Deus, ele não somente nos mostra que há uma saída como também nos provê sustento para o futuro. Líderes precisam buscar a fonte de sabedoria diariamente para alcançar o propósito para o qual foram chamados e exercer influência piedosa. O trabalho é diário; a recompensa é eterna.

POSICIONAMENTO

As bênçãos divinas sempre envolvem posicionamento da nossa parte. Um grande exemplo desse tema é Gideão (Juízes 6–8). Diferentemente da história da viúva, que começa com o esclarecimento de que pessoas tementes a Deus haviam sido atingidas por dores, o início da história de Gideão explicita que os israelitas tinham feito o que era mau aos olhos do Senhor novamente (Juízes 6:1) e, por isso, estavam nas mãos dos seus inimigos. Na atualidade não é diferente, a maioria das situações adversas pelas quais passamos são, na verdade, consequência natural da nossa desobediência.

O texto bíblico nos conta que, durante sete anos, os israelitas tiveram de se esconder nas montanhas, nas cavernas e nas fortalezas. Sempre que plantavam, os inimigos vinham, destruíam as plantações e não restava nada. Israel empobreceu tanto que o povo clamou a Deus por socorro. O Senhor lhes enviou um anjo que se sentou debaixo do carvalho de Ofra, que pertencia ao abiezrita Joás (Juízes 6:11).

> Desobedecer é escolher intencionalmente o caminho do sofrimento.

Desse trecho, podemos aprender que Deus responde ao clamor do seu povo e vem ao seu encontro. Mesmo tendo desobedecido e tendo feito o que era mau, quando clamaram, o Senhor os ouviu. Gideão surge exatamente nessa história de cenário adverso. Ele não estava imune ao que acontecia com o povo; ele também sofria com os ataques inimigos, embora tivesse algo diferente a respeito dele: Gideão estava trabalhando! Ele não era passivo. Prova disso é seu diálogo com o anjo:

> Então, o anjo do Senhor apareceu a Gideão e lhe disse:
> — O Senhor está com você, poderoso guerreiro.
> Gideão respondeu:
> — Ah, Senhor! Se o Senhor está conosco, por que aconteceu tudo isso? Onde estão todas as maravilhas que os nossos pais nos contavam quando diziam: "Não foi o Senhor que nos tirou do Egito?". Agora, porém, o Senhor nos abandonou e nos entregou nas mãos de Midiã. (Juízes 6:12-13).

Gideão não demonstra uma postura de alguém entregue à derrota ou à murmuração. Ele tampouco aceitou com facilidade os elogios do anjo, pois tinha fome de mudança. Nós não podemos nos render a um cenário adverso, seja ele qual for. Não devemos nos render à fatalidade nem a seus discursos: "Não tem jeito", "É impossível", "Não tem saída...". Jamais podemos aceitar viver escondidos, com medo.

"VOCÊ TEM SE ESFORÇADO COM AQUILO QUE TEM NAS MÃOS?"

Deus não desperdiça nada

Gideão vai na contramão da passividade e demonstra estar disposto e disponível para agir em favor da mudança daquela situação. Ele podia se sentir pequeno para mudar o destino de toda a nação, mas faria todo o possível para transformar o destino de sua vida e de sua família. As circunstâncias eram contrárias, mas ele escolheu se esforçar, tendo como ponto de partida aquilo de que ele dispunha.

Nossa vida começa a mudar exatamente quando fazemos a escolha de nos movimentar em direção ao que desejamos. Nossa fé nos leva a crer que Deus não desperdiça nada, que ele vê todas as circunstâncias e, acima de todas as situações, recompensa nosso esforço. Nossa fé não deve estar baseada e ser sustentada por palavras soltas, mas fundamentada em ação. Muitas pessoas esperam ter as ferramentas certas e as condições favoráveis para somente então agir. Outras tantas culpam a política, a economia, a família, o nível de escolaridade e tantas outras situações para ficarem inertes e, dessa forma, não precisarem fazer nada.

Esconder-nos, seja nas montanhas, nas cavernas ou nas fortalezas, e reclamar da condição que nos cerca não mudará nada. Precisamos encarar o processo e agir conforme nossa responsabilidade nele. A mudança somente terá início quando eu me dispuser a fazer algo para que a mudança aconteça. Essa premissa é verdadeira para qualquer âmbito de nossa vida. Temos de nos lembrar de que somente atitudes diferentes são capazes de gerar resultados diferentes. Fazer o que a média das pessoas faz nos levará a um resultado mediano; para alcançarmos um resultado de excelência, despertar nossa liderança e alcançar nosso propósito, precisamos ter diferenciais.

> Somente atitudes diferentes são capazes de gerar resultados diferentes.

Deus sempre observará atentamente àqueles que se esforçam, porque o esforço é demonstrativo da fé. Andar uma milha a mais mostra nossa disposição de chegar mais longe. Aqueles que ficam parados apenas observando a vida passar ou, pior, que continuam em seus esconderijos em murmuração, não verão as mudanças com as quais sonham, pois o Senhor reage à nossa atitude de fé. Sem fé é impossível agradar a Deus (Hebreus 11:6). Gideão estava disposto a fazer além da média, o que exigiu dele esforço; ele se recusou a permanecer no conforto dos esconderijos.

Jamais existirá a ocasião perfeita, que reúna todas as características ideais para agirmos. Se esperarmos por essa condição específica, nunca faremos nada: "Quem fica observando o vento não plantará, e quem fica olhando para as nuvens não colherá." (Eclesiastes 11:4). Precisamos agir! É chegada a hora de nos levantarmos, olharmos o que temos disponível e fazermos o melhor uso daquilo que o Senhor já nos confiou. O que não temos como fazer não cabe a nós, mas ao Todo-poderoso, que agirá em nosso favor.

A especialidade de Deus é o impossível. Ele não fará o possível que cabe a cada um de nós. A Palavra diz que o anjo do Senhor vem até onde Gideão estava se esforçando, fazendo sua parte, com o pouco que tinha, ainda que corresse risco. O esforço de Gideão chamou a atenção do Senhor da mesma forma que um posicionamento ativo de nossa parte atrai o seu favor. Fazer nada gera resultado nenhum; fazer o mediano gera resultados medianos; fazer além do esperado tem potencial de gerar resultados incríveis. Não podemos passar a vida escondidos em fuga por medo, está na hora de viver o extraordinário!

Deus disse a Josué três vezes que ele deveria se esforçar; todas elas em apenas um capítulo (Josué 1:6-7,9). Nesses mesmos trechos, o Senhor confirmou que estaria com o líder que substituiu Moisés na conquista da Terra Prometida. A promessa estava feita,

"QUAL ESFORÇO ACIMA DA MÉDIA VOCÊ TEM FEITO PARA ALCANÇAR O SEU MILAGRE?"

mas Deus orientou Josué a tomar uma atitude que cabia somente a ele: esforçar-se.

Reclamar não nos levará a lugar algum, mas o nosso esforço será recompensado. A viúva do início deste capítulo se esforçou e, mesmo em sua condição de viuvez, não murmurou a respeito da desgraça que sobreveio à sua família. Os inimigos do povo de Israel eram muito mais numerosos e fortes do que os israelitas, mas Gideão não deixou de fazer o melhor que podia com o pouco que tinha. Deus não nos escolheu para exercer influência por acaso: o Senhor que tem todo poder e deseja nos recompensar não perde nossa vida de vista. Assim como Deus viu Gideão, ele também nos vê.

> O Senhor nos escolheu para influenciar. Ele vê e recompensa nossos esforços.

É interessante como, às vezes, temos uma visão distorcida a respeito da situação que enfrentamos e do potencial que Deus colocou em nós. Gideão enxergava a si mesmo como um ninguém. O anjo o chamou de poderoso guerreiro e ordenou: "Com a força que você tem, vá libertar Israel das mãos de Midiã" (Juízes 6:14), mas Gideão lhe respondeu: "O meu clã é o menos importante de Manassés, e eu sou o menor da minha família" (v. 6:15). É verdade que ele podia até ser o menor, mas Deus não desperdiça nada, ele usa tudo de que dispomos. Não era importante o fato de o clã ser o menor, importava que o Senhor estivesse com ele e, por isso, era mais do que suficiente, não precisava de mais nada. Temos de ajustar nossas lentes, não para que passemos a nos ver como grandes nem para que nos tornemos soberbos e autossuficientes, mas para focarmos no que realmente importa: "Não sou eu quem o está enviando?" (v. 14).

Davi, o mais famoso dos reis de Israel, era pequeno e foi considerado inapto até mesmo por seu pai quando o profeta Samuel foi à casa de Jessé para ungir o futuro governante (1Samuel 16:1-13). A estatura de Davi era um ponto negativo quando o rapaz decidiu enfrentar o gigante Golias; a falta de armadura e espada também parecia ser um empecilho; decidir usar uma funda e uma pedra parecia uma loucura aos olhos dos exércitos. Entretanto, foi exatamente dessa maneira que os filisteus foram derrotados (1Samuel 17). Com o passar dos anos no exército e como rei, Davi venceu muitas batalhas, vários gigantes caíram diante dele. Assim como aconteceu com o rei, a cada gigante vencido, nós vamos nos tornando gradativamente melhores e mais experientes, mais capazes de enfrentar o que surgir pela frente. Nenhuma batalha em nossa vida é desperdiçada. O Senhor não desperdiça nada!

> A cada gigante vencido, nós nos tornamos mais capazes de enfrentar o que surgir pela frente.

No meio do deserto, como foi com Jesus, a primeira coisa que o Diabo tentará é contra nossa imagem. Jesus havia acabado de escutar as palavras do Pai: "Este é o meu Filho amado, em quem tenho prazer" (Mateus 3:17) e, logo na sequência, o Diabo surgiu diante dele dizendo: "Se és o Filho de Deus [...]" (Mateus 4:6). Ali, depois de tantos anos sendo arrasado pelos midianitas, Gideão somente conseguia enxergar sua pequenez. É por isso que a primeira coisa que o anjo fez foi animar Gideão e chamá-lo de forte, de poderoso guerreiro, que não precisava temer, pois Deus estaria com ele.

No meio do deserto, é comum passarmos a achar que não temos valor, que somos fracos e inúteis, mas o Senhor afirma que não somos o que os outros dizem nem o que nós mesmos pensamos a nosso respeito; ele diz: "Você é quem eu digo que você é!" Ainda que tudo tenha sido roubado pelos inimigos, ainda que haja pobreza, tristeza e dor, Deus pode transformar um passado

de dor em um futuro de glória para o nome dele. O Senhor sonha conosco e nos oferece promessas maravilhosas, mas é fundamental que nos posicionemos conforme sua orientação. O caminho é dele, e seguir seus direcionamentos é o segredo para romper os ciclos e alcançar a plenitude.

Ao recorrer ao profeta, a viúva do início deste capítulo sustentava uma atitude de resistência. Ela não aceitou a condição de derrota que tentaram lhe impor, mesmo não tendo a mínima ideia de como tudo iria se resolver. Gideão, por sua vez, ao decidir não se esconder, sustentou, ainda que inconscientemente, o discurso de não rendição! O que nós temos sustentado no tempo do deserto?

A mudança que tanto esperamos começa em nós! Deus continua escolhendo as coisas loucas deste mundo, como está escrito:

> Mas Deus escolheu os que são loucos para o mundo a fim de envergonhar os sábios e os que são fracos para o mundo a fim de envergonhar os fortes. Deus escolheu as coisas insignificantes do mundo, os desprezados e as coisas que não são para invalidar as que são (1Coríntios 1:27-28).

Deus não desperdiça nada, mas tudo depende da sua decisão. A nossa liderança vai surgir mais forte do deserto, vai vencer as dificuldades e alcançar o propósito divino. Tudo depende da nossa coragem e fé para dizemos "Sim" a ele. O Senhor está à espera de sairmos do esconderijo, de abandonarmos a lamentação e passarmos a agir em obediência e confiança. Quando decidimos obedecer e depender de Deus, o impossível acontece.

VIVER NO DESERTO OU PASSAR POR ELE?

Deus não deixa ninguém esperando, a menos que julgue que essa espera seja benéfica.

— C. S. LEWIS

Uma das tarefas mais difíceis de realizarmos é manter-nos calmos enquanto passamos por tribulações. A situação piora, o problema se agrava, a doença avança e, sem que percebamos, já estamos tomados pelo pânico. O medo é uma característica tanto de seres humanos como de animais. De maneira geral, ter medo não é de todo ruim, pois ativa nosso instinto de sobrevivência e nos mantém alertas para que possamos encontrar a solução para aquilo que enfrentamos. Pânico, porém, é diferente do medo. Pânico paralisa. Não conseguimos pensar e, na maioria das vezes, nem sequer agir quando somos tomados por esse sentimento.

A Bíblia nos relata alguns momentos em que o seu povo se sentiu assim, e um deles foi este:

> tropas saíram em perseguição aos israelitas e os alcançaram quando estavam acampados à beira-mar, perto de Pi-Hairote, defronte de Baal-Zefom.
>
> Ao aproximar-se o faraó, os israelitas olharam e avistaram os egípcios que avançavam na direção deles. Aterrorizados, clamaram ao Senhor. Disseram a Moisés:
>
> — Foi por falta de túmulos no Egito que você nos trouxe para morrermos no deserto? O que você fez conosco, tirando-nos de lá? Já tínhamos dito a você no Egito: "Deixe-nos em paz! Seremos escravos dos egípcios!". Preferimos ser escravos dos egípcios a morrer no deserto! (Êxodo 14:10-12).

Fica evidente no texto que o motivo do pânico dos hebreus era real. Não se tratava de um exagero ou um assombro qualquer; a morte, de fato, estava à espreita. Os inimigos dos hebreus, os mesmos que lhes imputaram maus tratos e escravizaram diversas gerações de seu povo, estavam cada vez mais próximos e não havia saída.

Depois de ter permitido que aquele povo numeroso fosse embora do Egito, o faraó se deu conta de que perdera praticamente toda a força de trabalho do império e estava disposto a corrigir esse problema com rapidez. Ele enviou seu grande exército com carruagens e cavaleiros em busca dos fugitivos.

Aqueles milhares de hebreus jamais tinham visto ou pisado em uma área livre. Não tinham ideia de como seria não ter ordens cada vez piores a seguir. Depois de terem permissão para sair do Egito, caminhavam rumo ao monte Sinai para adorar o seu Deus. De repente, ao longe, perceberam uma nuvem de poeira levantada pela corrida de seus inimigos em sua direção. Assustados, olharam ao redor e enxergaram somente areia; à frente, um imenso mar; estavam encurralados, pois não havia nenhum tipo de embarcação para ajudá-los na travessia. "O que vamos fazer?", pensaram. Era o fim.

Ao se verem naquela situação, os hebreus prematuramente admitiram que morreriam sem ao menos cogitarem qualquer outra possibilidade. Passaram, então, a discutir entre si o fato de que, se ainda estivessem no Egito, teriam direito pelo menos a uma sepultura para o enterro. A verdade é que, por não saberem escolher a vida, já estavam mortos. Havia, sim, vida disponível para eles, afinal, o Senhor havia feito uma promessa a eles e a cumpriu: seus pés não pisavam mais o chão da escravidão. O coração deles, porém, era um grande problema, pois permanecia acorrentado ao pânico, à escravidão e à morte.

Moisés, o grande líder, nesse momento, adotou medidas para trazer o povo de volta ao bom senso. Como poderiam já ter se esquecido de tudo o que viram Deus fazer?

> Moisés respondeu ao povo:
> — Não tenham medo. Fiquem firmes e vejam o livramento que o Senhor trará hoje, porque nunca mais vocês verão os egípcios que hoje veem. O Senhor lutará por vocês; fiquem calmos. (Êxodo 14:13-14)

> **VOCÊ JÁ ESTEVE EM PÂNICO E ACREDITOU QUE NÃO HAVERIA SAÍDA?**

Viver no deserto ou passar por ele?

Quando o pânico consegue autorização para entrar, não brinca em serviço, invade e ocupa todos os espaços possíveis; faz de tudo para que a vítima não olhe para os lados, não escute ninguém e, principalmente, não olhe para o alto. O pânico rouba o que há de mais precioso: a esperança e a fé. É aí que um líder se torna essencial na cena. Líderes são as pessoas que tomam as rédeas da situação e, por terem uma visão mais ampla da realidade, pensam de maneira prática nas possibilidades para resolver o problema, pois, do contrário, todos vão sucumbir.

> O pânico nos rouba o que existe de mais precioso: a esperança e a fé. Não podemos nos submeter a ele.

Naquele momento de tensão, Moisés lembrou o povo de que o mesmo Deus que os livrou do Egito — ao mantê-los seguros de todas as pragas às quais os egípcios foram submetidos — não havia mudado nem os abandonado. Era preciso sustentar a crença de que, mais uma vez, ele agiria, pois os chamou para confiarem nele. A atitude de Moisés deve nos servir como exemplo: um homem comum, mas firme o suficiente para inspirar outros. Quando recebemos uma má notícia ou nos deparamos com impossibilidades, temos a chance de demonstrar o nosso nível de fé.

A cada novo dia, cresce o número de pessoas diagnosticadas com transtornos de ansiedade ou que atravessam outras crises emocionais. Os sentimentos tendem a nos levar aos extremos e a nos fazer ter julgamentos errados sobre as situações. É exatamente isto que nosso Inimigo deseja: que percamos a paz por pensarmos que o deserto será nossa habitação permanente. Jamais! O deserto sempre será passageiro, ele é um lugar de passagem, não de morada.

Não há deserto que dure para sempre, é apenas o recorte da nossa vida, uma parte de toda a história, um processo, assim como semear, regar e colher; como engatinhar, andar e correr. Deserto tem

> **VOCÊ SENTE QUE PRECISA AVANÇAR EM ALGUMA ÁREA DA SUA VIDA?**

Viver no deserto ou passar por ele?

começo, meio e fim, e, por isso, podemos manter a perspectiva e a expectativa de que dias melhores logo virão.

Diante do mar Vermelho, o povo hebreu não conseguia enxergar nada além da morte eminente. Moisés os acalmou, pediu que ficassem firmes e garantiu, movido pela fé, que aquela seria a última vez que eles veriam os egípcios. Deus confirmou a postura confiante de Moisés, pois, quando este se virou para orar, o Senhor lhe respondeu: "Por que você está clamando a mim? Diga aos israelitas que sigam avante" (Êxodo 14:15). Essa indicação também serve para cada um de nós: não podemos parar, temos de seguir em frente!

O fato de o faraó ter mudado de ideia não muda a ideia já estabelecida por Deus. Se ele disse que era para o povo ir ao Sinai, isso certamente aconteceria. Com ou sem inimigo, com mar ou sem mar, a ordem era avançar!

> Desertos têm começo, meio e fim. Dias melhores chegarão em breve.

Infelizmente, muitas pessoas preferem morrer no deserto a completar a travessia. É mais fácil voltar para a zona de conforto, mesmo que signifique ser escravo pelo restante da vida, do que dar passos rumo ao desconhecido. Contudo, ainda que não conheçamos a rota ou o destino, sabemos — ou deveríamos saber — que o Senhor nunca faria mal ao seu povo, mas tomará em suas mãos todas as situações ruins pelas quais passarmos e as transformará em algo bom. Havia uma promessa, e isso deveria ser suficiente para convencê-los a avançar.

> [...] atravessaram o mar pisando em terra seca, tendo uma parede de água à direita e outra à esquerda. Naquele dia o Senhor salvou Israel das mãos dos egípcios, e os israelitas viram os

> **EXISTE ALGO "IMPOSSÍVEL" EM SUA VIDA?**

Viver no deserto ou passar por ele?

egípcios mortos na praia. Israel viu a mão poderosa do Senhor contra os egípcios, temeu ao Senhor e pôs nele a sua confiança, como também em Moisés, seu servo. (Êxodo 14:29-31)

Há uma promessa para nós também; temos de nos apegar a ela e avançar! Quantos de nós questionamos a forma de Deus agir: "Senhor, por que tudo tem que ser tão difícil na minha vida?", "Pai, por que tudo dá errado para mim?" Quando o mar se abre, os pés pisam na terra seca e chegamos do outro lado porque Deus faz o impossível em nosso favor.

Desde o início, havia uma promessa para os hebreus. Eles não foram conduzidos ao deserto em vão, mas deveriam adorar ao Senhor no monte santo e, em seguida, prosseguir para a Terra Prometida. Tudo o que Deus promete, ele cumpre:

> Pois o Senhor, o seu Deus, os está levando a uma boa terra, cheia de riachos, de tanques de água e de fontes que jorram nos vales e nas colinas; terra de trigo e cevada, de videiras e figueiras, de romãzeiras, azeite de oliva e mel; terra onde não faltará pão e onde não terão falta de nada; terra onde as rochas têm ferro e onde vocês poderão extrair cobre das colinas.
>
> — Depois que tiverem comido até ficarem satisfeitos, louvem ao Senhor, o seu Deus, pela boa terra que deu a vocês. (Deuteronômio 8:7-10).

É possível que o plano estivesse claro para o povo, mas Deus sabia exatamente o que estava fazendo. Não é diferente conosco, basta nos lembrarmos da soberania divina e confiarmos que seus planos são mais altos que os nossos (Isaías 55:8-9). A Bíblia nos comprova como estava tudo sob controle:

> Quando o faraó deixou sair o povo, Deus não o guiou pela rota da terra dos filisteus, embora este fosse o caminho mais curto, pois disse: "Para que, em caso de guerra, não se

desanimem e voltem para o Egito". Assim, o Senhor fez o povo dar a volta pelo deserto, seguindo o caminho que leva ao mar Vermelho. Os israelitas saíram do Egito preparados para lutar. (Êxodo 13:17-18).

O deserto pode ser também um lugar de proteção? Segundo as Escrituras Sagradas, sim, o que demonstra como Deus é cuidadoso com seu povo, o ama e quer sempre seu melhor. Os hebreus não precisavam saber o motivo da rota diferente, tampouco entender as escolhas divinas para eles, tinham apenas de confiar que, se o Senhor lhes disse que chegariam do outro lado, os levaria até lá.

> No impossível não há concorrência, pois ele pertence a apenas uma pessoa: Deus.

Uma passagem muito conhecida no Novo Testamento relata uma situação semelhante. Muitos de nós não nos atentamos aos detalhes porque a história é muito bela, mas, assim como entre o Egito e Canaã havia um deserto, entre um destino e outro dos discípulos de Cristo havia uma tempestade.

> Com muitas parábolas semelhantes, Jesus lhes anunciava a palavra, tanto quanto podiam entender. Nada lhes dizia sem usar alguma parábola. Quando, porém, estava a sós com os seus discípulos, explicava-lhes tudo.
> Naquele dia, ao anoitecer, ele disse aos seus discípulos:
> — Vamos para o outro lado do lago.
> Deixando a multidão, eles o levaram no barco assim como estava. Outros barcos também o acompanhavam. (Marcos 4:33-36)

Jesus ensinava à beira-mar como de costume e, no anoitecer, disse: "Vamos para o outro lado". Na popa do barco, Cristo se

Viver no deserto ou passar por ele?

deitou e, cansado, dormiu, mas não demorou para levantar-se "um forte vendaval, e as ondas se lançavam sobre o barco, de forma que começou a se encher de água" (Marcos 4:37). A tempestade indo de encontro ao barco do Mestre era inimaginável, inoportuna e causava pânico e desconforto naqueles homens fiéis. Se Deus sabia o que lhes sobreviria, por que não os impediu de adentrar ao mar?

Esse questionamento nos é familiar. Todos nós temos a tendência de questionar as condições adversas da vida: Como assim, um pastor com câncer? Uma moça cristã, bonita e educada não se casou ainda? Aquele casal de líderes não pode ter filhos? Como assim? É chegado o tempo de compreendermos que ninguém está imune às tempestades e aos desertos da vida. Jesus passou pelo deserto *e* pela tempestade. Ele estava a caminho do seu propósito e, como as tribulações são um lugar de passagem em vez de morada, precisou vivenciá-las também.

Você e eu temos um propósito, um chamado a cumprir em vida, algo para o qual o Senhor nos designou. Existe um caminho, uma trajetória traçada, ainda que não vejamos as sinalizações pelo caminho. Nossa influência é forjada durante o caminho, e conquistamos os atributos necessários para exercê-la durante a jornada. Ainda que não consigamos enxergar os indícios de se devemos nos movimentar para a direita ou para a esquerda, ainda que o limite de velocidade não esteja em uma placa na beira da estrada, ainda que tenhamos medo do que poderemos enfrentar, precisamos confiar que Deus sempre fala conosco e nos direciona a agir conforme seu direcionamento. Não importa o lado, a velocidade ou o sentimento: nossos ouvidos escutarão a doce voz do Senhor nos dizer: "Este é o caminho; siga-o" (Isaías 30:21). Não precisamos temer, mas obedecer.

> No caminho até nossa promessa, não precisamos temer, precisamos apenas confiar na doce voz que nos indica qual caminho seguir.

Os discípulos ainda não haviam aprendido essa preciosa lição, mas, na agenda de Deus, aquele dia estava marcado como o dia perfeito para que eles pudessem compreender quem estava, de fato, com eles no barco.

> Jesus estava na popa, dormindo com a cabeça sobre um travesseiro. Os discípulos o acordaram e clamaram:
> — Mestre, não te importas se morrermos? Ele se levantou, repreendeu o vento e disse ao lago:
> — Aquiete-se! Acalme-se!
> O vento se aquietou, e tudo ficou calmo.
> Então, perguntou aos seus discípulos:
> — Por que vocês estão com tanto medo? Ainda não têm fé?
> Eles estavam grandemente apavorados e perguntavam uns aos outros:
> — Quem é este que até o vento e o mar lhe obedecem? (Marcos 4:38-41)

Jesus está no barco com os discípulos, assim como Deus estava com o povo no deserto e podia ser visto na nuvem durante o dia para guiá-los no caminho e na coluna de fogo durante a noite para iluminá-los (Êxodo 13:21). Ele estava visível em todas as circunstâncias e, mesmo assim, eles não o perceberam.

A nuvem durante o dia e a coluna durante a noite estavam lá, e a Palavra deixa claro o motivo: "e assim podiam caminhar de dia e de noite"; e complementa: "a coluna de nuvem não se afastava do povo de dia, nem a coluna de fogo, de noite" (Êxodo 13:21-22). Quanta beleza existe na percepção de que o Senhor guia seu povo

> "QUAIS SINAIS DA PRESENÇA DIVINA VOCÊ NÃO TEM PERCEBIDO?"

e deixa claro que o deserto é somente um lugar de passagem no qual ele sempre está presente! Assim também aconteceu no mar, em meio às ondas violentas daquela tempestade: Jesus não desapareceu, ele estava lá e, ao ser acordado e ver seus discípulos em pânico, precisou trazer-lhes de volta ao senso ao acalmar a tempestade.

Como líderes, quando o Senhor nos pergunta o que questionou aos discípulos, desperta nossa influência e nos dirige na jornada: "Por que você tem medo se, em momento nenhum, eu o abandonei? Por que fica apavorado com medo de não alcançar a promessa que eu fiz e sou plenamente capaz de cumprir? Por que você se desespera por não conhecer o caminho que já tracei para sua liderança?"

O texto bíblico nos mostra o que aconteceu a seguir: havia um encontro marcado. Jesus foi ao outro lado por causa de um homem, o endemoninhado gadareno. Eles desembarcaram na região dos gerasenos e Cristo o libertou: "Vá para casa, para a sua família e anuncie-lhes quanto o Senhor fez a você e como teve misericórdia de você" (Marcos 5:19). Deus encarnado enfrentou uma tempestade em um barquinho por *um* homem. Não há dúvidas de que ele conduzirá *você* com *uma* palavra que o levará a alcançar o outro lado do deserto: a promessa.

O outro lado nos espera assim como foi com o povo hebreu, tão logo atravessou o mar Vermelho:

> Então Moisés e os israelitas entoaram este cântico ao Senhor: "Cantarei ao Senhor, pois triunfou gloriosamente. Lançou ao mar o cavalo e o seu cavaleiro! O Senhor é a minha força e a minha canção; ele é a minha salvação! Ele é o meu Deus e eu o louvarei, é o Deus de meu pai, e eu o exaltarei! O Senhor é guerreiro, o seu nome é Senhor. [...] O inimigo dizia:
> 'Eu os perseguirei e os alcançarei; dividirei o despojo até ficar satisfeito. Com a espada na mão, eu os destruirei'. Mas sopraste o teu vento, e o mar os encobriu.
> Afundaram como chumbo nas águas poderosas.

Viver no deserto ou passar por ele?

Quem entre os deuses é semelhante a ti, Senhor?
Quem é semelhante a ti?
Majestoso em santidade, admirável em glória, autor de prodígios? [...]. Então, Miriã, profetisa e irmã de Arão, pegou um tamborim, e todas as mulheres a seguiram, tocando tamborins e dançando. Miriã lhes respondia, cantando:
'Cantem ao Senhor, pois triunfou gloriosamente.
Lançou ao mar o cavalo e o seu cavaleiro'". (Êxodo 15:1-3, 9-11, 20-21).

Prepare seu tamborim para louvar e contar os feitos do Senhor no deserto.

ESPERANÇA

Um ateu só vê um fim sem esperança. Mas o cristão vê uma esperança sem fim.

— BILLY GRAHAM

A vida humana na terra é cheia de surpresas. Não há uma pessoa sequer que possa dizer que tudo aconteceu assim como planejou. Vez ou outra somos surpreendidos, ora por coisas boas, ora por coisas ruins, que parecem ser a maioria. Ninguém está livre de enfrentar situações desagradáveis nem de passar pelas aflições anunciadas pelo próprio Jesus (João 16:33).

Deus nunca fez questão de esconder os problemas da vida aos quais estamos sujeitos, tampouco nos prometeu um mundo perfeito para vivermos nesta era. Ao lermos nas Escrituras Sagradas que Davi foi um homem segundo o coração de Deus, podemos levantar alguns questionamentos acerca das escancaradas falhas desse rei. Abraão, o amigo de Deus, também era cheio de problemas. Moisés e tantos outros heróis da fé elencados em Hebreus 11 passaram longe de serem perfeitos. Todos eles têm algo mais em comum, porém, uma decisão firme, mesmo com falhas e em meio a problemas, sofrimentos, privações e dores, tinham esperança e permaneciam confiantes. Eles olhavam para o futuro sem se permitirem ser desanimados pelas frustrações e pelo desânimo do tempo que enfrentavam.

As coisas deram errado para eles e para o povo escolhido várias e várias vezes; e é assim também em nossa vida. Alguns de nós sonhamos com uma faculdade que nunca conseguimos fazer; outros, com um carro que nunca compramos; outros ainda, com um filho que nunca geramos ou com os netos que não vieram porque nossa filha morreu em um trágico acidente; muitos de nós também deixamos de viver a velhice com o amor da nossa vida por termos perdido a esposa amada para um câncer. A frustração e dor geradas por não termos chegado onde planejamos nos faz questionar onde está Deus.

A tristeza envolve nossos dias e pode vir a se tornar um lamento; o lamento tem potencial para virar revolta; e a revolta, ódio. É para esse caminho de dores escalonadas que nosso Inimigo quer nos levar. Se estivermos atolados na dor, na tristeza, no rancor,

Esperança

deixaremos de olhar para o alto e de buscar respostas em Deus. Em contrapartida, mesmo em face da dor, o caminho que o Senhor nos apresenta é o da tristeza que se transforma em esperança e esta, por sua vez, traz a perseverança; a perseverança, a resiliência; e esta, a fé — ingrediente imprescindível para vivermos a transformação que gera em nós a influência para alcançarmos nosso propósito.

Temos caminhado nas páginas deste livro com diversos homens e mulheres de fé, em especial com o povo hebreu no deserto em sua peregrinação até a Terra Prometida, durante a qual muitas vezes se frustrou e lamentou. A murmuração fez que toda a geração que saíra do Egito em idade adulta não entrasse em Canaã, justamente por não conseguir tirar os olhos da dor para ter esperança em Deus.

> A fé é imprescindível para alcançarmos nosso propósito.

Outro homem de dores citado na Bíblia é Jó, com um livro completo dedicado à sua biografia. Ele ficou conhecido por seus sofrimentos, por seu profundo momento de tristeza, por lamentar-se com Deus. Jó reconhecia haver um Deus da esperança, mas, por algum tempo, achou que essa esperança não poderia alcançá-lo:

> Para a árvore pelo menos há esperança: se é cortada, torna a brotar, e os seus novos ramos vingam. As suas raízes poderão envelhecer no solo e seu tronco morrer no chão; ainda assim, com o cheiro de água ela brotará e dará ramos como se fosse muda plantada. Mas o homem morre e morto permanece; dá o último suspiro e deixa de existir. (Jó 14: 7-10).

Jesus, porém, no Evangelho de João, rebateu essa ideia: "Aquele que crê em mim, ainda que morra, viverá" (João 11:25). Em Deus, sempre há esperança! As Escrituras Sagradas são uma

> **VOCÊ TEM SEGUIDO O CAMINHO PROPOSTO PELA DOR OU PELA FÉ?**

Esperança

carta viva e em todo o tempo nos mostram como Deus chama seus filhos a olharem e, pela fé, enxergarem um futuro de esperança. Os tempos ruins não mudam a verdade de que o Pai celeste é poderoso para fazer o que pretende antes, durante ou depois do deserto; os planos divinos nunca serão frustrados.

O apóstolo Paulo, ao instruir Timóteo, o seu filho na fé, deixou essa verdade clara sem esconder o sofrimento, mas valorizando a onipotência de Deus:

> Portanto, não se envergonhe de testemunhar do Senhor, nem de mim, que sou prisioneiro dele, mas suporte comigo os sofrimentos pelo evangelho, segundo o poder de Deus [...]. Por essa causa também sofro, mas não me envergonho, porque sei em quem tenho crido e estou bem certo de que ele é poderoso para guardar o meu depósito até aquele dia. (2Timóteo 1:8,12).

Deus não desperdiça nada que nos acontece. Tudo que ele nos prometeu, cumprirá. Ao cruzar o deserto, o povo hebreu tinha uma promessa à qual se agarrar. O Senhor nunca desejou matar o povo no deserto, pois aquele é somente um lugar de passagem, no qual a vida é vivida na esperança de alcançar uma terra boa que lhes foi designada.

> Pois o Senhor, o seu Deus, os está levando a uma boa terra, cheia de riachos e tanques de água, e de fontes que jorram nos vales e nas colinas; terra de trigo e cevada, videiras e figueiras, de romãzeiras, azeite de oliva e mel; terra onde não faltará pão e onde não terão falta de nada; terra onde as rochas têm ferro e onde vocês poderão extrair cobre das colinas. Depois que tiverem comido até ficarem satisfeitos, louvem ao Senhor, o seu Deus, pela boa terra que deu a vocês. (Deuteronômio 8:7-10)

Importante ressaltar que, quando a Bíblia nos fala de esperança, apresenta algo distinto da fé. O autor de Hebreus nos esclarece que "a fé é a confiança daquilo que esperamos e a certeza das coisas que não vemos" (Hebreus 11:1). Contudo, a esperança sempre caminhará de mãos dadas com o tempo. Nesse caso, é como se a fé fosse o presente, e a esperança, uma projeção para o futuro. A fé antecipa; a esperança nos prepara para algo que ainda viveremos.

> O deserto é somente um lugar de passagem no qual vivemos na esperança de alcançar a boa terra que nos foi designada.

Paulo disse: "Assim, permanecem agora estes três: a fé, a esperança e o amor" (1Coríntios 13:13) e confirmou haver distinção entre os três, mas, principalmente, enfatizou a importância da esperança. Vamos imaginar que, ao separarmos os ingredientes para fazer um bolo, precisamos crer que aquela farinha branca e aqueles ovos podem vir a se tornar algo saboroso. Ninguém acha gostoso ou fica satisfeito ao colocar uma colher de trigo puro na boca, nem mesmo os ovos crus têm o sabor de um bolo. É por isso que precisamos sondar o nosso coração e identificar se há nele os ingredientes necessários para a ação do Senhor, porque ainda que não tenham sabor em sua individualidade, pelo poder divino, tudo pode ser transformado. Assim como o bolo precisou do processo de preparação e do tempo no forno para, por fim, obtermos o resultado aguardado, nós também temos de viver o deserto cheios de esperança para alcançarmos o propósito de despertar a liderança que existe em nós.

Na busca por esse despertamento, sofrer e sentir dor podem servir como catalisadores poderosos para o crescimento pessoal e o desenvolvimento da liderança influente que podemos viver. Nosso deserto pode instigar uma profunda reflexão sobre os valores que cultivamos nesta vida. Quando enfrentamos dissabores e

> VOCÊ CONSEGUE IDENTIFICAR OS INGREDIENTES QUE EXISTEM NO SEU CORAÇÃO?

perdas pessoais, podemos desenvolver habilidades de tomada de decisão, comunicação eficaz e a capacidade de inspirar e motivar outros por meio da empatia e da compreensão.

Cada um desses aspectos pode ser identificado em pelo menos um dos líderes bíblicos que tanto nos inspiram. A liderança de cada um deles despertava conforme entendiam que o mundo perfeito não existe. Abraão aprendeu que não precisava fazer o que Deus disse que faria, pois o próprio Senhor cumpre sua palavra empenhada. José aprendeu a ter empatia pelo sofrimento de sua família porque passou muitos anos sofrendo. Moisés aprendeu a se comunicar com eficácia perante o povo para passar as instruções divinas. Josué aprendeu a ser forte e corajoso para inspirar os hebreus na conquista da Terra Prometida. Paulo aprendeu a se adaptar a toda e qualquer situação e a ajudar. Jesus mostrou sabedoria e coragem para nos deixar o exemplo maior. A adaptação ao contexto da realidade é uma das qualidades indispensáveis na vida de um grande líder.

Todos nós que andamos com Cristo sabemos que é ele a nossa esperança. Este é o motivo de o ditado popular "a esperança é a última que morre" não fazer sentido: Jesus é nossa esperança eternamente viva. Ele morreu, mas ressuscitou e vivo está para sempre. Por meio dele e de seu sacrifício, podemos manter nossos olhos fitos na certeza de um futuro bom: "'Porque sou eu que conheço os planos que tenho para vocês', declara o Senhor, 'planos de fazê-los prosperar, não de causar dano, planos de dar a vocês esperança e um futuro'" (Jeremias 29:11). Não é possível vermos com exatidão o fruto de nossa esperança, mas nela nos firmamos e aguardamos com paciência (Romanos 8:24-25), pois nossa espera, como a gestação de um bebê, faz a promessa crescer e se desenvolver, firmada na bondade de Deus para este tempo, mas, principalmente, para o tempo vindouro.

É verdade que muitos de nós já suportamos terríveis perdas e injustiças e que nem sempre é fácil manter viva a esperança. No entanto, precisamos crer que o Senhor tem uma unção

Esperança

preparada para "dar a todos os que choram em Sião uma bela coroa em vez de cinzas, óleo de alegria em vez de pranto, manto de louvor em vez de espírito deprimido" (Isaías 61:3), e já está preparada para você e para mim.

Deus chamou a atenção de seus filhos quando percebeu que eles estavam há mais tempo no lamento do que deveriam e que era hora de trocar as vestes. Josué serviu de perto o grande líder Moisés e sofreu com a morte daquele com quem tanto aprendeu até o Senhor lhe aparecer e dizer: "O meu servo Moisés está morto. Agora, pois, você e todo este povo preparem-se para atravessar o rio Jordão e entrar na terra que eu darei aos israelitas" (Josué 1:2). O sofrimento era legítimo, mas não podia durar a vida toda, afinal, Josué tinha um povo para liderar e uma terra para conquistar. Havia esperança!

Já Samuel, o grande profeta, se entristeceu muito com a queda de Saul. Apesar de o rei não ter passado pela morte física, o propósito no qual Samuel estava envolvido havia morrido. Ele estava frustrado, e acredito que até se sentia culpado. Mais uma vez, o Senhor convocou um servo seu a levantar-se e prosseguir, pois ainda há uma esperança.

> O Senhor disse a Samuel:
> — Até quando você irá se entristecer por causa de Saul? Eu o rejeitei como rei de Israel. Encha o seu jarro com óleo e vá a Belém; eu o enviarei a Jessé. Escolhi um dos filhos dele para fazê-lo rei. (1Samuel 16:1).

Não é diferente comigo e com você. Nos nossos dias, Deus permanece o mesmo e nos convoca a esperar nele com alegria. Timothy Keller, um famoso teólogo dos Estados Unidos, foi feliz ao afirmar em uma pregação: "O oposto da alegria não é a tristeza. É a falta de esperança". É bíblico. O apóstolo Tiago nos inspirou a manter a alegria: "Bem-aventurado o homem que persevera na provação, porque, depois de aprovado, receberá a coroa da vida que o Senhor prometeu aos que o amam" (Tiago 1:12). Deus sempre

> **QUAIS TEMORES VOCÊ DECIDE ABANDONAR PARA ABRAÇAR A ESPERANÇA?**

cumpre o que prometeu. Precisamos perseverar ainda que nos pareça que está demorando tempo demais, pois "Se é somente para esta vida que temos esperança em Cristo, somos os mais miseráveis de todos os homens" (1Coríntios 15:19).

Somos parte do povo de Deus, filhos amados dele. Assim como outrora, ele hoje nos diz: "O povo que escapou da morte achou favor no deserto. Quando Israel buscava descanso, o Senhor lhe apareceu no passado, dizendo: 'Eu a amei com amor eterno; com amor leal a atraí'" (Jeremias 31:2-3). Há favor no deserto e há um Deus leal que cuida de cada um de nós. Não temos o que temer.

O apóstolo Paulo nos deixa uma lição primorosa em 1Tessalonicenses 5:18, da qual devemos nos lembrar o tempo todo: "Deem graças em todas as circunstâncias, pois esta e a vontade de Deus em Cristo Jesus." Parece-nos ser impossível seguir adiante quando estamos rodeados pelo sofrimento. Ao olharmos para o nosso coração machucado, não encontramos mais a chama da esperança. Ciente de que isso poderia acontecer, o Senhor, em sua misericórdia, nos deixou um caminho para reencontrá-la. Asafe, um dos maiores músicos do rei Davi, escreveu um salmo profundo, parecido com um lamento. O desânimo está evidente em cada linha do salmo 77. É um consolo de Deus, uma indicação de como recobrar, por intermédio das Escrituras, a esperança e a fé em meio às dificuldades.

> A Deus elevo a minha voz e suplico; a Deus elevo a minha voz para que ele me escute. Quando estou angustiado, busco o Senhor; de noite estendo as mãos sem cessar; a minha alma está inconsolável! Lembro-me de ti, ó Deus, e começo a gemer; começo a meditar, e o meu espírito desfalece. Não me permites fechar os olhos; tão inquieto estou que não consigo falar. Penso nos dias que se foram, nos anos que há muito se passaram. De noite recordo as minhas canções; o meu coração medita, e o meu espírito pergunta: "Irá o Senhor rejeitar-nos para sempre? Jamais tornará a mostrar-nos o seu favor?

Desapareceu para sempre o seu amor leal? Acabou-se a sua promessa por todas as gerações? Esqueceu-se Deus de ser misericordioso? Na sua ira refreou a sua compaixão?".

Então, pensei: "A razão da minha dor é que a mão direita do Altíssimo não age mais". Recordarei os feitos do Senhor; recordarei os teus antigos milagres. Meditarei em todas as tuas obras e considerarei todos os teus feitos. Os teus caminhos, ó Deus, são santos. Que deus é tão grande como o nosso Deus? Tu és o Deus que realiza milagres; mostras o teu poder entre os povos. Com o teu braço forte resgataste o teu povo, os descendentes de Jacó e de José. As águas te viram, ó Deus, as águas te viram e se contorceram; até os abismos estremeceram. As nuvens despejaram chuvas, ressoou nos céus o trovão e as tuas flechas reluziam em todas as direções. No redemoinho, estrondou o teu trovão, e os teus relâmpagos iluminaram o mundo; a terra tremeu e sacudiu-se. A tua vereda passou pelo mar; o teu caminho, pelas águas poderosas, e ninguém viu as tuas pegadas. Guiaste o teu povo como a um rebanho pela mão de Moisés e de Arão. (Salmos 77)

Não há outro caminho senão o caminho do Senhor. Nossos sofrimentos devem nos aproximar dele; temos de clamar pelo socorro divino. Sempre que nossa alma estiver inconsolável, precisaremos nutrir a esperança meditando nos feitos divinos. Não é errado desabafar com nosso Criador nem dizer-lhe o tamanho de nossa dor. Errado é não considerar os feitos de Deus ou esquecer-nos de que não há outro como ele.

> Se nossa alma estiver abatida, temos de nos lembrar que nosso Deus é grande e todo-poderoso para vencer todas as batalhas e gerar esperança em nós.

Outro exemplo é o do profeta Jeremias que, em Lamentações 3, relata todos os sofrimentos pelos quais estava passando, mas relembra-se da grandeza divina:

Esperança

Lembro-me da minha aflição e do meu delírio, da minha amargura e do meu pesar. Lembro-me bem disso tudo, e a minha alma desfalece dentro de mim. Todavia, lembro-me também do que pode dar-me esperança: Graças ao grande amor do Senhor é que não somos consumidos, pois as suas misericórdias são inesgotáveis. Renovam-se cada manhã; grande é a tua fidelidade! Digo a mim mesmo: A minha porção é o Senhor; portanto, nele porei a minha esperança. O Senhor é bom para com aqueles cuja esperança está nele, para com aqueles que o buscam; Bom é esperar em silêncio pela salvação do Senhor. bom que o homem suporte o jugo enquanto é jovem. Leve-o sozinho e em silêncio, porque o Senhor o pôs sobre ele. Ponha a sua boca no pó; talvez ainda haja esperança. Ofereça o rosto a quem o quer ferir, e engula a desonra. Porque o Senhor não o desprezará para sempre. Embora ele traga tristeza, mostrará compaixão, tão grande é o seu amor leal. (v. 3:19-32).

Precisamos trazer à memória o que pode nos dar esperança! Temos de confiar que grande é a fidelidade do nosso Deus. É ele a nossa porção e a fonte de eterna esperança, compaixão e amor infalível. A esperança, além de viva, é vivificante, pois tem o poder de nos fortalecer e nos mover para uma vida digna de quem espera por algo melhor e maior.

O apóstolo Paulo, inspirado pelo Espírito Santo, também nos dá um caminho prático para permanecermos quando diz: "Alegrem-se na esperança, sejam pacientes na tribulação, perseverem na oração" (Romanos 12:12), ou seja, se nos regozijamos na esperança e naquilo que nos aguarda no futuro, receberemos auxílio divino para termos paciência nas tribulações. Podemos, então, dizer: "Não importa o deserto que eu tenha de passar, permanecerei firme para alcançar aquilo que me aguarda, a minha promessa!"

Paulo foi um homem experimentado no sofrimento. Diversas vezes, ele relatou suas dores, seus processos e desertos. Não há dúvidas de que esse era o motivo de ele falar com tanta propriedade sobre o assunto. Ele afirmou que a tribulação produz perseverança; a perseverança, experiência; e a experiência, esperança. O apóstolo também enfatizou que "Essa esperança não nos decepciona, porque o amor de Deus foi derramado no nosso coração por meio do Espírito Santo, que ele nos deu" (Romanos 5:5).

Jamais ficaremos decepcionados por depositarmos nossa esperança em Deus. A Bíblia está repleta de exemplos de sua força e justiça. Todos os que dizem crer nele devem crer que ele recompensa aqueles que o buscam (Hebreus 11:6). Nada, absolutamente nada, pode nos separar do Senhor.

> Quem nos separará do amor de Cristo? Será tribulação, ou angústia, ou perseguição, ou fome, ou nudez, ou perigo, ou espada? Como está escrito: "Por amor de ti enfrentamos a morte o dia inteiro; somos considerados como ovelhas destinadas ao matadouro". Mas, em todas estas coisas somos mais que vencedores, por meio daquele que nos amou. Pois estou convencido de que nem morte nem a vida, nem os anjos, nem demônios, nem o presente, nem o futuro, nem poderes, nem altura, nem profundidade, nem ninguém em toda a criação será capaz de nos separar do amor de Deus que está em Cristo Jesus, o nosso Senhor. (Romanos 8:35-39)

Independentemente do deserto que enfrentamos, precisamos permanecer em esperança de que a promessa está cada dia mais perto de se cumprir. O deserto não será nossa morada, mas a viagem que temos de concluir para chegar ao outro lado mais confiantes na influência que o Senhor está forjando em nossa vida para que nossa liderança desperte e alcancemos nosso propósito. Como Paulo instruiu Timóteo, é preciso manter-nos sóbrios em tudo e suportar os sofrimentos, para cumprir o propósito de Deus em nossa vida. Ao final, mantida a esperança, poderemos dizer: "Combati o bom combate, terminei a corrida, guardei a fé" (2Timóteo 4:7).

MATURIDADE

A maturidade espiritual não é alcançada pelo passar dos anos, mas pela obediência à vontade de Deus.

— OSWALD CHAMBERS

Quando se trata de vida com Deus, sempre haverá uma jornada, nada é instantâneo. Tudo começa com um convite, exatamente como começou este livro, e um caminho como o que estamos percorrendo nesta leitura. Desde o Éden, a Bíblia nos diz que o Senhor visitava a humanidade. Havia movimento, passos, companhia, relacionamento. Em nosso trajeto para alcançarmos nosso propósito, ele mesmo nos convida a caminhar ao seu lado e nos lembra de que ele jamais despreza os pequenos começos. De glória em glória, cumprimos a carreira proposta por ele e com ele.

Nosso trajeto sempre acontece com processos de crescimento contínuos. Desde a concepção no ventre de nossa mãe, semana a semana, há um novo desenvolvimento de uma nova capacidade. Gradativamente, uma etapa por vez. A infância é regada de grandes aprendizados, como o desenvolvimento da coordenação motora e da linguagem até o processo da alfabetização. Nossa estrutura não foi criada para vitórias instantâneas. Nós somos a soma de nossos processos. Nosso Criador nos fez dessa maneira para que possamos crescer e amadurecer.

Um exemplo claro é o das famílias que têm crianças. Nós, pais, achamos lindo quando o bebê começa a balbuciar as primeiras palavras, que mal conseguimos entender, e depois quando troca o R pelo L e acaba por inventar seu próprio dicionário. É engraçado. Passada uma certa idade, no entanto, deixa de ser bonitinho, e os pais esperam pela pronúncia correta das palavras, bem como por uma fala clara. Caso isso não aconteça, logo vamos em busca de ajuda médica para entender o motivo de o desenvolvimento não ter acontecido conforme o esperado.

Deus é nosso Pai celeste e espera de nós amadurecimento físico, emocional, relacional e espiritual. Nas Escrituras Sagradas, ele deixa claro que esse crescimento deve ser almejado por nós. Pessoas maduras ficam menos suscetíveis às investidas do Diabo

Maturidade

e discernem o bem do mal tanto para si quanto para os demais. A maturidade esconde tesouros divinos revelados apenas aos que se propõem a se aprofundar no relacionamento com o Senhor.

> A maturidade esconde tesouros divinos revelados apenas aos que se propõem a se aprofundar no relacionamento com o Senhor.

Ao escrever 1Coríntios 13, o apóstolo Paulo fala do maior dos dons, o amor, e relata seu amadurecimento: "Quando eu era menino, falava como menino, pensava como menino e raciocinava como menino. Quando me tornei homem, deixei para trás as coisas de menino" (v. 11). A maturidade naturalmente nos conduzirá a essa transição de pensamentos, comportamento e maneira de falar.

Para alcançar a maturidade, precisamos entender o que ela significa. O primeiro passo é quebrar o paradigma de que, para ser madura, uma pessoa precisa atingir determinada idade. Pessoas mais velhas não são necessariamente as mais maduras. Essa realidade nos conduz ao item seguinte, que é a compreensão de que a maturidade é a plenitude dos saberes adquiridos, o último estágio de desenvolvimento. Ao aplicar esse conceito ao tema do deserto, percebemos ser esse o lugar do qual saímos mais maduros, com lições práticas aprendidas e aplicadas, além de um caráter moldado pelo Mestre, se escolhermos caminhar pelo lugar inóspito na companhia de Jesus.

> Quanto à antiga maneira de viver, dispam-se do velho homem, que se corrompe por desejos enganosos, para serem renovados no modo de pensar e se vestirem do novo homem, criado para ser semelhante a Deus em justiça e santidade provenientes da verdade. (Efésios 4:22-24)

> **VOCÊ SE CONSIDERA UMA PESSOA MADURA?**

Maturidade

Ao tirarmos bom proveito do tempo no deserto por permitirmos que nosso coração seja moldado por Jesus, teremos os dons que ele preparou para nossa tarefa de influenciar outras pessoas de maneira que elas também cresçam e edifiquem o Corpo:

> Até que todos alcancemos a unidade da fé e do conhecimento do Filho de Deus, e cheguemos à maturidade, atingindo a medida da plenitude de Cristo. O propósito é que não sejamos mais como crianças, levados de um lado para outro pelas ondas, nem jogados para cá e para lá por todo vento de doutrina e pela astúcia e esperteza de homens que induzem ao erro. Antes, seguindo a verdade em amor, cresçamos em todas as coisas naquele que é a cabeça, Cristo. (Efésios 4:13-15).

O versículo 13 começa com "Até que", porque o processo para alcançar a maturidade exige de nós resistência. No deserto, nossa maturidade é forjada, com as dores, crises e demais situações adversas que temos de enfrentar. Tiago enfatiza que devemos nos alegrar nas tribulações:

> Meus irmãos, considerem motivo de grande alegria o fato de passarem por diversas provações; assim, vocês saberão que a prova da sua fé produz perseverança. No entanto, a perseverança deve ter ação completa, a fim de que vocês sejam perfeitos e íntegros, sem que lhes falte coisa alguma. (Tiago 1:2-4).

"Sem que lhes falte coisa alguma" é uma expressão que indica plenitude. Alcançar a maturidade por meio de vitórias diárias nas provações no deserto produz em nós a plenitude que o apóstolo Paulo buscava. Ele sabia que, embora estivesse bem adiante de muitos, sua corrida não estava completa e declarou: "esquecendo-me das coisas que ficaram para trás e avançando para as que estão adiante, prossigo para o alvo, a fim de ganhar o prêmio do chamado celestial de Deus em Cristo Jesus" (Filipenses 3:13-14). Tudo que nós alcançamos até agora serve de base para vivermos e crescermos ainda mais em maturidade, uma vez que essa jornada vai durar toda nossa vida.

> A busca pela maturidade é uma jornada para toda a vida.

Quanto mais buscarmos amadurecer, mais crescemos. À medida que vivemos, enfrentamos novos desertos com novas dificuldades a serem vencidas e, ao superá-las, passamos a um nível de maturidade novo. Conforme o ciclo se repete, podemos considerar nossas tribulações com alegria. Tiago não afirma que precisamos gostar dos momentos difíceis, mas nos incentiva a considerá-los motivo de alegria justamente pelo resultado que causarão em nós se não desistirmos.

Quantos de nós, ao passarmos por desertos, pensamos que iríamos morrer? Parecia que nossa caminhada já durava quarenta anos e ainda estava longe de terminar, mas estamos vivos e nos tornamos melhores, estamos mais fortes e nos tornamos gratos pelo aprendizado e pela maturidade, como Tiago e Paulo nos ensinaram. O teste da nossa fé produzirá persistência e resistência que nos levarão à maturidade e à paz interior.

O ditado popular diz que mar calmo não faz bom marinheiro, o que é verdade. Não são os bons momentos que nos transformam em pessoas melhores e nos aproximam de Deus. Por toda a Bíblia, vemos um povo escolhido andar longe o suficiente do Senhor para, em meio ao sofrimento, ser obrigado a reconhecer sua miserabilidade e clamar por socorro. E é quando compreendem sua pequenez que Deus age.

O Senhor não quer que fiquemos longe dele. Assim como Adão, muitos de nós, ao nos vermos rodeados pelo deserto da

> "AO AVALIAR SUA VIDA EM RETROSPECTIVA, VOCÊ CONSIDERA QUE VIVEU UM MOMENTO QUE IMAGINAVA SER INSUPORTÁVEL? COMO VOCÊ O VÊ HOJE?"

escassez, do luto, da frustração, e tantas aflições presentes neste mundo, nos escondemos e buscamos nos afastar. Deus, por sua vez, permanece o mesmo desde o princípio e procura por nós:

> "[...] foi atrás dos seus amantes, mas se esqueceu de mim", declara o Senhor. "Portanto, agora, vou atraí-la; vou levá-la para o deserto e falar-lhe com ternura. Ali devolverei a ela as suas vinhas e farei do vale de Acor uma porta de esperança. Ali ela me responderá como nos dias da sua infância, como no dia em que saiu do Egito" (Oseias 2:13-15).

Sim, Deus nos atrai para o deserto, mas é por amor!

Todos queremos viver felizes, mas, nos bons momentos, nós apenas desfrutamos do que conquistamos durante os tempos difíceis. A pessoa madura sabe que o ditado americano *no pain no gain* (sem dor, sem ganho) é real. Por esse motivo, sua mente está firmada naquilo que lhe traz esperança e sua fé se fortalece nas promessas a ponto de poder confessar: "Sabemos que todas as coisas contribuem juntamente para o bem de todos aqueles que amam a Deus, dos que foram chamados de acordo com o seu propósito" (Romanos 8:28).

É no deserto que Deus demonstra sua grandeza e nos presenteia com sua presença. Ele não nos abandona, mas segura firme nossas mãos durante nosso processo de crescimento na graça e no conhecimento de quem ele é. A maturidade é um presente que o relacionamento com Jesus nos dá: crescemos em fé, mas mantemos o coração inocente e dependente de uma criança. Era isso o que Deus pretendia para o seu povo quando o tirou do Egito e o levou ao monte Sinai. Ele queria se apresentar como o Senhor daquela nação e falar diretamente a eles, mas o povo temeu e manteve os olhos fitos apenas no que lhe faltava ou doía.

O Senhor nos convida todos os dias a andar em maturidade e a crer que, aquilo que não entendemos agora, ele um dia nos

Maturidade

esclarecerá: "Todos nós que alcançamos a maturidade devemos ver as coisas dessa forma, e, se em algum aspecto vocês pensam de modo diferente, isso também Deus esclarecerá" (Filipenses 3:15). O segredo é confiar!

LÍDERES MADUROS

A grande pergunta a qual chegamos é como podemos nos tornar os líderes maduros que o Senhor deseja formar. Para responder, reconheceremos a maturidade a partir de cinco reflexos.

O primeiro deles é a sabedoria. O apóstolo Tiago, logo após falar sobre como devemos nos alegrar nas tribulações, nos ensina que a perseverança é a responsável por produzir em nós a maturidade e continua com uma valiosa lição acerca da sabedoria: "Se algum de vocês tem falta de sabedoria, peça-a a Deus, que a todos dá generosamente sem reprovar ninguém, e lhe será concedida [...]" (Tiago 1:5-6).

Um líder maduro é alguém que alcançou a sabedoria:

> Entretanto, falamos de sabedoria entre os que já têm maturidade, mas não da sabedoria desta era nem a dos poderosos desta era, que estão sendo reduzidos a nada. Ao contrário, falamos da sabedoria de Deus em mistério, uma sabedoria que esteve escondida e que Deus havia predeterminado para a nossa glória antes do princípio das eras. (1Coríntios 2:6-7).

A maturidade não está atrelada ao nosso tempo de relacionamento com Cristo, como o escritor de Hebreus confessa:

> Quanto a isso, temos muito que dizer, coisas difíceis de explicar, porque vocês se tornaram lentos para aprender. De fato, embora a esta altura já devessem ser mestres, vocês precisam de alguém que lhes ensine novamente os princípios elementares

da palavra de Deus. Estão precisando de leite, e não de alimento sólido! Quem se alimenta de leite ainda é criança, e não tem experiência no ensino da justiça. Mas o alimento sólido é para os adultos, os quais, pelo exercício constante, tornaram-se aptos para discernir tanto o bem quanto o mal. Portanto, deixemos os ensinos elementares a respeito de Cristo e avancemos para a maturidade [...] (Hebreus 5:11-14, 6:1).

> Líderes maduros sabem que, nesta vida, estarão em constante evolução: enfrentar desertos, aprender lições preciosas, crescer e amadurecer. O ciclo se repete durante toda a nossa jornada terrena. Sempre há um novo degrau para subir.

Ser maduro não é um estado inerte, mas fruto de uma trajetória permeada de processos e, como diz o autor aos hebreus, é fruto do exercício constante. Na escola de Deus, nunca somos reprovados, mas temos de repetir o exercício de novo, de novo e de novo, até conseguirmos vencê-lo. O desejo divino é que avancemos. Ele não nos permitirá passar por testes para os quais ainda não estamos preparados, que estejam além de nossa capacidade. Ele é fiel e sua Palavra afirma que "Não sobreveio a vocês tentação que não fosse comum aos homens. Mas Deus é fiel; ele não permitirá que vocês sejam tentados além do que podem suportar. Antes, quando forem tentados, ele mesmo providenciará um escape, para que a possam suportar" (1Coríntios 10:13).

Paulo, que tantas vezes exortou sobre a maturidade, falava com conhecimento de causa, e sua vida mostrava que entendia as verdades ditas por Pedro e Tiago sobre gloriarem-se nas tribulações:

> [...] trabalhei muito mais, fui encarcerado mais vezes, fui açoitado mais severamente e exposto à morte repetidas vezes.

Maturidade

> Cinco vezes recebi dos judeus quarenta açoites menos um. Três vezes fui golpeado com varas, uma vez apedrejado, três vezes sofri naufrágio, passei uma noite e um dia como náufrago em alto-mar. Estive continuamente viajando de uma parte a outra, enfrentando perigos nos rios, perigos de assaltantes, perigos entre os meus compatriotas, perigos entre gentios, perigos na cidade, perigos no deserto, perigos no mar e perigos entre falsos irmãos. Trabalhei arduamente; muitas vezes fiquei sem dormir, passei fome e sede, e muitas vezes fiquei em jejum; suportei frio e nudez. Além disso, enfrento diariamente uma pressão interior, preocupando-me com todas as igrejas. (2Coríntios 11:23-28).

Mesmo passando por tantas provações, o apóstolo sabiamente concluiu que, se há algo a respeito do qual podemos nos orgulhar, é nossa fraqueza (2Coríntios 11:30). Ele entendeu que sua força estava na dependência de Deus, em toda e qualquer circunstância — e não foram poucas tampouco fáceis. A maturidade é demonstrada em uma postura de humildade, e essa deve ser a nossa postura ao passarmos pelo deserto.

Apesar de termos grandes heróis da fé por toda a Bíblia, os quais nos apresentam tanto conhecimento para conseguirmos atingir a maturidade, nosso maior exemplo é e sempre será Jesus. Para falar sobre esse tema e relacioná-lo ao Filho de Deus, é importante ressaltarmos sua humanidade enquanto esteve na terra. Seu caráter e comportamento não eram os relatados devido à sua divindade, ele agia como agia para deixar-nos o exemplo a ser seguido:

> [...] que, apesar de ser Deus, não considerou que a sua igualdade com Deus era algo que deveria ser usado como vantagem; antes, esvaziou a si mesmo, assumindo a forma de servo, tornando-se semelhante aos homens. Sendo encontrado em figura humana, humilhou-se e foi obediente até a morte, e morte de cruz! (Filipenses 2:6-8).

A maturidade de Jesus é demonstrada em várias ocasiões que podem ser resumidas a apenas uma verdade: fazer a vontade do Pai. Ele afirmou que só fazia o que o Pai fazia (João 5:19), que agia somente conforme a vontade do Pai (João 6:38), que apenas o Pai é bom (Marcos 10:18) e que estava aqui porque o Pai o havia enviado (João 5:37). Tudo voltava para o Pai.

Muitas vezes, ao passarmos por desertos, perdemos o foco e passamos a procurar culpados: "Foi a família em que cresci"; "É culpa das condições financeiras que não alcancei"; "Se não fossem as rejeições que sofri". Sempre haverá alguém para quem poderemos terceirizar nossa a culpa, e, acredite, nem mesmo Deus escapa! Consciente ou inconscientemente, muitos de nós culpamos o Senhor por nossos fracassos e temporadas no deserto. Questionamos o porquê e, de forma velada, nutrimos ira e revolta contra o Pai celeste em nosso coração.

Contamos com ele para nos guiar dia após dia nos desertos e para nos capacitar para vencer cada dificuldade que temos pela frente. Nosso relacionamento com ele gera em nós sabedoria para viver, o que nos conduz à maturidade. Nossa parte é confiar no Deus todo-poderoso que nos provê o direcionamento. Temos de nos dedicar à leitura das Escrituras Sagradas e à oração, pois é assim que conheceremos melhor sua vontade e poderemos crescer em influência para realizar o propósito que o Pai nos designou.

Precisamos examinar nosso interior e, como o salmista, dizer: "Sonda-me, ó Deus, e conhece o meu coração; prova-me e conhece as minhas inquietações. Vê se no meu caminho algo te ofende e dirige-me pelo caminho eterno" (Salmos 139:23-24). Jesus mantinha os seus olhos no Pai, que não era o culpado pelos seus sofrimentos, era o escape. Jesus sabia que Deus estava ao seu favor, não contra.

> Em vez de procurar culpados por estarmos no deserto, devemos procurar escape em Deus.

> **VOCÊ JÁ PROCUROU CULPADOS? JÁ DEPOSITOU A CULPA DO SEU SOFRIMENTO EM DEUS?**

A maturidade da nossa liderança passa pelo caminho do conhecimento acerca de quem Deus é e da bondade dele. Se cultivamos a convicção da bondade e do amor do Pai, podemos confiar plenamente nele. Mesmo no pior momento, no monte das Oliveiras, quando suou sangue porque a pressão era imensa, declarou: "Pai, se queres, afasta de mim este cálice; contudo, não seja feita a minha vontade, mas a tua" (Lucas 22:42). Jesus confiava que a vontade do Pai era melhor que a dele. Que exemplo!

Além da sabedoria, da humildade e do conhecimento de Deus, a maturidade traz ainda outro princípio: o perdão. Somente os imaturos não compreendem como a mágoa é uma isca de Satanás que os acorrenta e impede de correr a carreira da fé. Todo líder precisa aprender a perdoar e a pedir perdão. Conceder perdão demonstra sabedoria; pedir perdão, humildade. A soma deles nos faz conhecer quem Deus é: onisciente, onipresente, onipotente e justo. Se formos ofendidos e maltratados, ele sabe o que sentimos, porque ele também sentiu. Quando sofrermos, ele estará ao nosso lado. Ele é poderoso para resolver a questão e, melhor que isso, para tratá-la com a verdadeira justiça.

Jesus tem poder para nos curar de todo sofrimento, seja ele físico, emocional ou espiritual. Precisamos, para isso, entregar nossa dor a Cristo, pois a falta de perdão deixa feridas abertas em nossa vida que podem infeccionar e contaminar todo o nosso corpo. É uma decisão que depende exclusivamente de nós.

> Quando chegaram ao lugar chamado Caveira, ali o crucificaram com os criminosos, um à sua direita e outro à sua esquerda. Jesus disse:
> — Pai, perdoa-lhes, pois não sabem o que fazem.
> Então, dividiram as roupas dele, lançando sortes.
> O povo ficou observando, e as autoridades o ridicularizavam.

"VOCÊ PRECISA LIBERAR PERDÃO A ALGUÉM PARA ALCANÇAR UM NOVO ESTÁGIO DE MATURIDADE?"

— Salvou os outros — diziam —; deixe-o salvar a si mesmo, se é o Cristo de Deus, o Escolhido.

Os soldados, aproximando-se, também zombavam dele. Oferecendo-lhe vinagre, disseram:

— Se você é o rei dos judeus, salve a você mesmo. (Lucas 23:33-37)

Jesus não esperou a poeira baixar, o sangue esfriar ou completar sua missão de ressuscitar para perdoar seus ofensores. Ali, no momento em que era crucificado — e não depois —, ele os perdoou. Os olhos de Cristo estavam fixos no Pai e, por ser maduro, ele afirmou sobre a multidão que o levou a tal castigo: "Não sabem o que estão fazendo". Como precisamos aprender com o nosso Mestre!

Por fim, pessoas maduras terão outra característica: a fé. Buscam a sabedoria do Senhor, portam-se com humildade, buscam o conhecimento de Deus, abandonam toda mágoa ou ofensa e, por estarem livres, rompem em fé e alcançam a promessa reservada para eles. Nada pode pará-los, afinal, as coisas velhas já passaram; eles seguem pelo novo e vivo caminho. Quem é maduro vive com os olhos fitos no Pai, sabe ser impossível agradá-lo sem fé, faz o que ele pede, confia nele e se entrega por completo.

Você e eu precisamos chegar a esse nível de intimidade em nosso relacionamento com Deus. Esse é o convite desde o começo, quando ele passeava com o homem diariamente, um convite para uma jornada. Esse caminho nos leva à maturidade por meio de um relacionamento: "Venha caminhar comigo e eu mostrarei a você coisas grandiosas e insondáveis que você não conhece" (Jeremias 33:3); "Venha para o deserto e abrirei um caminho e riachos no ermo" (Isaías 43:19); "Venha comigo! Há riqueza e honra, prosperidade e justiça duradouras" (Provérbios 8:18); "Venha e não tenha medo, pois estou com você"; "Não tenha medo, pois eu sou o seu Deus; eu o fortalecerei e o ajudarei; eu o

Maturidade

segurarei com a destra da minha justiça" (Isaías 41:10). São tantas as promessas disponíveis para nos apegarmos, há tantas mensagens de amor deixadas pelo Pai para crermos que, mesmo no deserto, jamais estaremos sós.

Um líder maduro crê no cuidado do Senhor e, por isso, não fica inerte. Por saber que as portas do inferno não prevalecerão, ele avança. Nossa fé tem de ser ativa, acompanhada das obras que a validem (Tiago 2:17). A maturidade nos permite sair do deserto e alcançar a promessa por meio de nossas atitudes. A pergunta do princípio nos é feita todos os dias: "O Senhor Deus, porém, chamou o homem e perguntou: 'Onde você está?'" (Gênesis 3:9). Que possamos ser encontrados de prontidão!

Quando fomos convidados pelo Senhor para despendermos um tempo no deserto, o convite nos pareceu estranho. Ao abordarmos esse local e apontarmos para as suas características, nos lembramos da escassez, da poeira da areia, da pouca vegetação, do calor escaldante de dia ou da escuridão das noites frias. Existe, porém, outra característica do deserto: o silêncio. Isolados de tudo e todos, não há ruídos ou novas informações. Nada para nos distrair nem tomar conta da nossa mente ou dos nossos olhos. Temos a sensação de que o tempo parou e de que ninguém diz mais nada.

No decorrer destas páginas, compreendemos histórias de pessoas que estiveram durante os mais variados períodos de tempo no deserto. Observamos, então, que há uma relação íntima da Bíblia com esse local que é, na verdade, um cenário para a manifestação de sinais e maravilhas divinos.

Jesus foi guiado pelo Espírito Santo ao deserto antes de iniciar seu ministério terreno. Em outras ocasiões, porém, ele, por conta própria, se retirou em solitude. Cristo não era introvertido, mas conhecia o valor do silêncio e, quando tudo silenciava e ficava deserto, ele podia ouvir a voz de quem mais importava, seu Pai.

Muitos de nós, sem percebermos, seguimos a vida de compromisso em compromisso, de entretenimento em entretenimento, de reunião em reunião; são tantos os estímulos externos que não reservamos um tempo adequado para silenciar e ouvir o que o Senhor tem a nos dizer. Até que algo inesperado nos obriga a parar. Já ouviu aquele ditado que diz: "Quem não tem tempo para a saúde, terá que ter tempo para a doença"? É isso!

Neste livro, estudamos diversos relatos bíblicos de situações nas quais o Senhor atraiu seus filhos para o deserto. Ali, eles foram obrigados a desistir de seus planos humanos e foram orientados a seguir apenas uma direção, a divina. Quando temos a sensação de faltar o chão sob nossos pés, de não haver ninguém em quem confiar ou a quem pedir ajuda, voltamos nossos olhos ao lugar de

Convite aceito?

onde nunca deveríamos ter saído: o lugar de dependência e relacionamento com o Pai.

Dos aprendizados da pedagogia divina do deserto, vimos diversas transformações humanas. O deserto não parece querer nos matar, ele, definitivamente, nos mata. A cada luta e tribulação, um pouco de nós se vai. É impossível continuarmos iguais ao que éramos antes de nos depararmos com ele. Ninguém que seja bem-disposto sai de um deserto como entrou, e esse é um motivo para festejarmos!

"Alegrem-se! Alegrem-se!", diz o Senhor ao seu povo diversas vezes nos relatos das Escrituras Sagradas. Até mesmo no deserto, há motivos para celebrarmos: a coluna de fogo não se afasta, o pão e a carne caem do céu e a água jorra da rocha. Ainda que não tenhamos programado, somos gentilmente atraídos ao deserto de tempo em tempo pelo Deus de amor que anseia nos forjar, nos dar um novo nome, nos fazer viver a promessa e celebrar. Podemos e devemos celebrar no deserto, porque ali, em intimidade com nosso Pai celeste, temos nosso caráter forjado, nossa mente renovada, nossa liderança desenvolvida, e nos tornamos melhores e mais capacitados para viver o propósito que ele nos preparou.

Nosso Inimigo quer que caiamos no erro da murmuração que faz quarenta dias se transformarem em quarenta anos. Quando celebramos, porém, mostramos a ele quem nos conduziu para aquele lugar: o bondoso Deus de amor. Conforme o Senhor nos prometeu, caminhamos confiantes de que estamos ali de passagem, apenas até alcançarmos o outro lado com a vitória nas mãos.

Como povo de Deus, sempre teremos motivos para festejar, pois não é o lugar ou as circunstâncias que nos importam, mas a garantia da companhia de Jesus. Enquanto a maioria das pessoas nos julga pelo nosso passado ou pelas circunstâncias do nosso presente, Cristo conhece o nosso futuro e nos conduz para lá!

As lições do deserto não podem ser aprendidas em nenhum outro lugar, são únicas e individuais, verdadeiros presentes divinos para nós. Esse tempo de preparação para alcançarmos a promessa do Senhor faz de nós líderes admiráveis, basta correspondermos a Deus da maneira correta, com gratidão, pois ele não perdeu o controle do mundo; ele sempre sabe o que faz.

O deserto tem valor, ele nos transforma e nos faz melhores. Deus não desperdiça nenhuma situação e, por isso, podemos manter viva a esperança de que dias melhores virão e de que poderemos desfrutá-los na companhia do nosso Senhor. Não precisamos temer o sofrimento do deserto, Jesus está conosco e vai nos conduzir a uma terra boa.

Sigamos caminhando! Celebremos a Deus, que tudo sustenta e mantém. O convite continua de pé: quem aceitará caminhar com ele no deserto? Eu decidi ir. Melhor um dia com ele que mil em outro lugar. E você, vem?

Este livro foi impresso pela Gráfica Terrapack, em 2024, para
a Thomas Nelson Brasil. O papel do miolo é pólen
bold 70g/m², e o da capa é cartão 250g/m².